COMPTE DÉFINITIF

DES

RECETTES DU BUDGET SPÉCIAL DE L'ALGÉRIE

POUR L'EXERCICE 1901

RENDU

PAR LE MINISTRE DES FINANCES

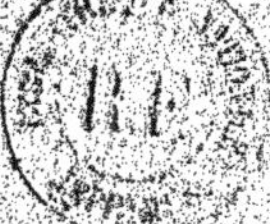

PARIS

IMPRIMERIE NATIONALE

———

1902

COMPTE DÉFINITIF

DES

RECETTES DU BUDGET SPÉCIAL DE L'ALGÉRIE

POUR L'EXERCICE 1901

RENDU

PAR LE MINISTRE DES FINANCES

PARIS

IMPRIMERIE NATIONALE

—

1902

TABLE SOMMAIRE DES MATIÈRES

(Voir la table détaillée à la fin du volume.)

COMPTE DÉFINITIF DES RECETTES

NOTE PRÉLIMINAIRE.

Le compte définitif des recettes a pour objet de présenter, par branches de re-
nus et par nature de perceptions, les résultats de l'exercice en ce qui concerne les
oits constatés, les recouvrements effectués et les restes à recouvrer à l'époque de
clôture.

Il contient les renseignements administratifs nécessaires pour faire connaître les
eurs, matières ou quantités soumises à l'application des tarifs, qui ont déterminé
montant des droits perçus par les comptables des finances.

Ses divisions principales, qui correspondent à celles du budget, comprennent six
ragraphes :

1° IMPÔTS ET REVENUS : *Contributions directes, Taxes y assimilées et Contributions
bes; Produits de l'Enregistrement, Produits du Timbre, Taxe sur le revenu des valeurs
bilières, etc.; Produits de Douanes, des Contributions diverses.*

2° PRODUITS DE MONOPOLES ET EXPLOITATIONS INDUSTRIELLES DE L'ÉTAT : *Produits des
tes, des Télégraphes et des Téléphones.*

3° PRODUITS ET REVENUS DU DOMAINE DE L'ÉTAT : *Produits du domaine autre que le do-
ne forestier; Produits des forêts.*

4° PRODUITS DIVERS DU BUDGET.

5° RECETTES D'ORDRE : *Recettes en atténuation de dépenses (Produits universitaires, Pro-
s des amendes et condamnations pécuniaires, etc.), Recettes d'ordre proprement dites.*

es tableaux publiés dans le compte définitif des recettes sont établis d'après les
sions budgétaires du budget voté. Ils ont pour objet de déterminer les évaluations
servent de base au règlement définitif des recettes; de présenter l'ensemble des
ts constatés et le montant des recouvrements; d'indiquer sur quels produits les

recettes ont été faites en excédent des évaluations ou leur sont demeurées inférie[ures]
de détailler par branche de revenus et par département, les recouvrements effe[ctués]
au cours de l'exercice.

Le compte définitif des recettes se divise en deux parties. La première compr[end]
sous le titre de Résultats généraux, des états destinés à rapprocher des évalua[tions]
budgétaires les produits et revenus réalisés pendant l'exercice et à les récapitule[r par]
département. Elle constitue, comme on le voit, un des principaux éléments du [con]
trôle législatif, tandis que les comptes par branche de revenus, qui constitue[nt la]
seconde partie, sont rendus au point de vue administratif de la perception de l'im[pôt].

Le Ministre des finances rend ce compte à l'appui du projet de règlement déf[initif]
du budget spécial de l'Algérie pour l'exercice 1901.

RÉSULTATS GÉNÉRAUX

DU

COMPTE DÉFINITIF DES RECETTES

DE L'EXERCICE 1901.

———

Résultats de l'exercice : ÉTAT A. Évaluations. — ÉTAT B. Droits constatés, non-valeurs, recouvrements, restes à recouvrer. — ÉTAT C. Comparaison des recettes avec les évaluations. — ÉTAT D. Développement des recettes par département.

(PAGES 10 À 21.)

La loi de finances du 29 décembre 1900 a fixé les évaluations des recettes du budget spécial de l'exercice 1901 à la somme de 55,334,144 fr. 00;

Ces évaluations, dont les différentes bases sont indiquées dans le projet de budget de l'exercice 1901 et dans le rapport de la Commission chargée de l'examen de ce budget, sont résumées par branches de revenus (1) :

Évaluation des recettes

§ 1er — Impôts et revenus	42,344,914 00
§ 2. — Produits de monopoles et exploitations industrielles de l'État	4,903,300 00
§ 3. — Produits et revenus du domaine de l'État	4,004,200 00
§ 4. — Produits divers du budget	882,110 00
§ 5. — Ressources exceptionnelles	
§ 6. — Recettes d'ordre	2,620,420 00
TOTAL	**55,334,144 00**

———

(1) Voir le détail, état A, pages 10 et 11.

L'ensemble des voies et moyens fixés législativement pour le budget spécial de l'exercice 1901 s'est donc élevé à la somme de (a) 55,334,144f 00

Mais les ressources présumées de certains services se trouvent augmentées des évaluations supplémentaires de fonds de concours égales aux recettes réalisées, dont la nomenclature figurait seulement pour ordre au budget primitif, ci 3,313,691 20

Le total des évaluations de recettes qui servent de base au règlement législatif du budget de l'exercice 1901 s'élève en conséquence à la somme de (b) 58,647,835 20

Les droits constatés sur les différentes branches de revenus de l'exercice 1901, opposables aux évaluations, sont de 58,750,011 fr. 18. Leur régime d'assiette et leur mode de recouvrement se trouvent expliqués, avec les détails qu'ils comportent, dans chacun des comptes définitifs publiés ci-après. Ils comprennent les droits constatés au cours de l'exercice 1901, qui forment ensemble un total de (c) 60,596,191f 18

dont il y a lieu de déduire les droits constatés admis en non-valeurs pendant la durée de l'exercice, ci 1,846,180 00

Il reste donc pour droits à recouvrer 58,750,011 18
Les recouvrements ayant été de 57,885,440 72

il a été transporté à l'exercice 1902, comme restant à recouvrer, une somme de   864,570 46

Ce reste à recouvrer, dont l'état ci-après présente la répartition par branche de revenus (n), s'applique à diverses natures d'impôts pour lesquels la liquidation des droits et leur réalisation ne s'opèrent pas simultanément.

§ 1er. — Impôts et revenus 254,698f 57c
§ 3. — Produits et revenus du domaine de l'État 509,805 33
§ 4. — Produits divers 57 07
§ 5. — Recettes d'ordre 100,009 49

TOTAL 864,570 46

Les évaluations des contributions et revenus publics formant l'ensemble des ressources du budget de l'exercice 1901 ont été fixées, comme on l'a dit ci-dessus, à la somme de 58,647,835f 20
Les recouvrements effectués pendant la durée de l'exercice s'étant élevés à 57,885,440 72

il en est résulté un excédent des évaluations sur les recouvrements de (e) 762,394 48

(A) Voir le détail, état A, pages 10 et 11.
(B) Voir le détail, état A, pages 10 et 11.
(C) Voir le détail, état B, pages 12 et 13.
(D) Voir le détail, état B, pages 12 et 13.
(E) Voir le détail, état C, pages 14 et 15.

e différence porte plus spécialement sur les droits perçus sur les alcools et sur les aliénations ubles.

nsidérés dans leur ensemble, les voies et moyens du budget de l'exercice 1901 se sont élevés à la e totale de 57,885,440 fr. 72 (voir l'art. 5 du projet de loi de règlement), savoir (A) :

Résumé général des voies et moyens de l'exercice 1901.

§ 1er. — Impôts et revenus	42,051,866f 40c
§ 2. — Produits de monopoles et exploitations industrielles de l'État	5,515,977 98
§ 3. — Produits et revenus du domaine de l'État	3,811,099 22
§ 4. — Produits divers du budget	830,824 68
§ 5. — Ressources exceptionnelles	»
§ 6. — Recettes d'ordre	5,675,672 44
Total	57,885,440 72

dernier résultat se trouve constaté dans la récapitulation générale de la situation définitive des s de l'exercice 1901, tableau E annexé au projet de règlement de cet exercice.

(A) oir le détail, état B, pages 12 et 13.

ÉTAT A.

Tableau général des Évaluations servant de base au Règlement définitif des Recettes de l'Exercice 1901.

ÉTAT

DÉSIGNATION DES PRODUITS.	ÉVALUATIONS des recettes d'après le budget primitif.	ÉVALUATIONS SUPPLÉMENTAIRES		MODIFICATIONS de la classification		MODIFICATIONS de changements apportés par des lois, des décrets ou des décisions ministérielles au budget primitif de l'exercice 1901.		ÉVALUATIONS SERVANT DE BASE au compte définitif du budget spécial de l'exercice 1901.	OBSERVATIONS.
		Augmentations.	Diminutions.	Augmentations.	Diminutions.	Augmentations.	Éliminations.		
	fr. c.	fr. c.	fr. c.	fr. c.	fr. c.	fr. c.	fr. c.	fr. c.	
§ 1er. — IMPÔTS ET REVENUS.									
Contributions directes	3,790,921 00		»	»		»	»	3,790,921 00	
Taxes assimilées aux contributions directes	216,633 00		»	»		»	»	216,633 00	
Contributions arabes (principal et centimes d'État)	8,871,400 00		»	»		»	»	8,871,400 00	
Produits de l'enregistrement	4,974,200 00		»	»		»	»	4,974,200 00	
Produits du timbre	4,383,600 00		»	»		»	»	4,383,600 00	
Taxe sur le revenu des valeurs mobilières, etc.	187,000 00		»	»		»	»	187,000 00	
Produits des domaines	74,583,000 00		»	»		»	»	74,583,000 00	
Produits des contributions diverses	7,504,500 00		»	»		»	»	7,504,500 00	
Total des impôts et revenus	42,924,214 00		»	»		»	»	42,924,214 00	
§ 2. — Produits des monopoles et exploitations industrielles de l'État.									
Produits des postes	3,316,000 00		»	»		»	»	3,316,000 00	
Produits des télégraphes	1,461,500 00		»	»		»	»	1,461,500 00	
Produits des téléphones	125,700 00		»	»		»	»	125,700 00	
Total des produits des monopoles et exploitations industrielles de l'État	4,903,200 00		»	»		»	»	4,903,200 00	
§ 3. — Produits et revenus du domaine de l'État.									
Produits du domaine autre que le domaine forestier	2,433,000 00		»	»		»	»	2,433,000 00	
Produits des forêts	1,570,800 00		»	»		»	»	1,570,800 00	
Total des produits et revenus du domaine de l'État	4,003,800 00		»	»		»	»	4,003,800 00	
§ 4. — Produits divers du budget.									
Produits divers	882,110 00		»	»		»	»	882,110 00	
§ 5. — Recettes d'ordre.									
Recettes d'ordre en atténuation de dépenses	2,620,420 00		»	»		»	»	2,620,420 00	
Recettes d'ordre proprement dites	»		(1) 3,313,691 20	»		»	»	3,313,691 20	
Total des recettes d'ordre	2,620,420 00		3,313,691 20	»		»	»	5,934,111 20	
Total des recettes du budget spécial de l'Algérie	55,256,144 00		3,313,691 20	»		»	»	58,647,835 20	
			3,313,691 20						

Résultat en augmentation ... 3,313,691 20

CONTRIBUTIONS ET REVENUS PUBLICS.	DROITS constatés pendant l'exercice 1901.	À DÉDUIRE : DROITS constatés admis en non-valeurs.	RESTE pour droits constatés à recouvrer pendant l'exercice 1901.	RECOUVREMENTS effectués pendant l'exercice 1901.	DROITS restant à recouvrer à la clôture de l'exercice 1901, et qui ont été transportés à l'exercice 1902.	OBSERVATIONS.
§ 1er. — IMPÔTS ET REVENUS.						
Contributions directes	3,838,526 19	»	3,838,526 19	3,707,811 68	130,715 11	
Taxes assimilées aux contributions directes	210,295 94	»	210,295 94	200,874 64	9,421 30	
Contributions arabes (principal et centimes d'État)	8,408,448 45	121,877 94	8,286,570 51	8,230,915 71	55,654 80	
Produits de l'enregistrement	4,412,428 89	20,920 70	4,391,508 19	4,379,546 97	11,961 22	
Produits du timbre	4,128,807 17	»	4,128,807 17	4,128,807 17	»	
Taxe sur le revenu des valeurs mobilières, etc.	210,420 65	240 52	210,180 13	210,180 13	»	
Produits des douanes	14,078,521 03	9,341 18	14,069,179 85	14,053,768 60	15,411 25	
Produits des contributions diverses	6,574,852 56	3,355 57	6,571,496 99	6,339,962 10	31,534 89	
Total des impôts et revenus	42,469,300 88	155,735 91	42,306,364 97	42,051,866 40	254,608 57	
§ 2. — PRODUITS DE MONOPOLES ET EXPLOITATIONS INDUSTRIELLES DE L'ÉTAT.						
Produits des postes	3,747,661 18	»	3,747,661 18	3,747,661 18	»	
Produits des télégraphes	1,617,409 85	»	1,617,409 85	1,617,409 85	»	
Produits des téléphones	150,906 95	»	150,906 95	150,906 95	»	
Total des produits de monopoles et exploitations industrielles de l'État	5,515,977 98	»	5,515,977 98	5,515,977 98	»	
§ 3. — PRODUITS ET REVENUS DU DOMAINE DE L'ÉTAT.						
Produit du domaine autre que le domaine forestier	1,932,785 41	2,883 74	1,929,901 67	1,598,872 84	331,028 83	
Produits des forêts	2,391,208 41	205 53	2,391,002 88	2,212,226 38	178,776 50	
Total des produits et revenus du domaine de l'État	4,323,993 82	3,089 27	4,320,904 55	3,811,099 22	509,805 33	
§ 4. — PRODUITS DIVERS DU BUDGET.						
Produits divers	830,881 75	»	830,881 75	830,824 68	57 07	
§ 5. — RECETTES D'ORDRE.						
Recettes en atténuation de dépenses	4,149,345 55	1,687,354 82	2,461,990 73	2,361,981 23	100,009 49	
Recettes d'ordre proprement dites	3,313,691 20	»	3,313,691 20	3,313,691 20	»	
	7,463,036 75	1,687,354 82	5,775,681 93	5,675,672 44	100,009 49	
TOTAL	60,594,191 18	1,846,180 00	58,750,011 18	57,885,458 72	864,570 46	

ÉTAT C.

Tableau général et définitif

DÉSIGNATION DES BRANCHES DE REVENUS.	ÉVALUATIONS des recettes. (Tableau A, pages 10 et 11.)	DROITS CONSTATÉS à la charge des redevables de l'État.	RECOUVREMENTS effectués.	RESTES À RECOUVRER sur les droits constatés à la charge des redevables de l'État.	COMPARAISON DES ÉVALUATIONS AVEC LES RECOUVREMENTS. Excédent des recouvrements.	Excédent des évaluations.	RÉSULTAT pour le règlement définitif du budget de l'exercice 1901.	OBSERVATIONS
§ 1er. — IMPÔTS ET REVENUS.								
Contributions directes	3,708,921f 00	3,838,526f 10	3,707,811f 08	130,715f 11	»	92,109f 92	3,707,811f 08	
Taxes assimilées aux contributions directes	216,633 00	216,205 96	200,676 64	2,121 30	»	16,758 36	288,875 64	
Contributions arabes (principal et centimes d'État)	8,071,460 00	8,286,570 51	8,230,915 71	55,654 80	150,455 71	»	8,230,915 71	
Produits de l'enregistrement	4,276,200 00	4,391,506 19	4,379,546 97	11,961 22	103,346 97	»	4,379,546 07	
Produits du timbre	1,280,000 00	1,128,607 17	4,128,807 17	»	»	155,792 83	4,128,807 17	
Taxe sur le revenu des valeurs mobilières, etc.	187,400 00	210,180 13	210,180 13	»	23,180 13	»	210,180 13	
Produits des douanes	14,583,000 00	14,660,119 85	14,653,708 00	13,411 85	66,808 00	»	14,653,708 40	
Produits des contributions diverses	7,504,500 00	6,571,406 09	6,539,962 10	31,534 80	»	964,537 90	6,530,962 10	
Total des impôts et revenus	42,924,214 00	42,306,504 97	42,051,806 40	254,098 57	355,851 41	1,228,199 01	42,051,806 40	
					872,347f 60			
§ 2. — PRODUITS DE MONOPOLES ET EXPLOITATIONS INDUSTRIELLES DE L'ÉTAT.								
Produits des postes	3,316,000 00	3,747,661 18	3,747,661 18	»	431,661 18	»	3,747,661 18	
Produits des télégraphes	1,481,500 00	1,617,409 85	1,017,409 85	»	155,909 85	»	1,617,409 85	
Produits des téléphones	185,700 00	156,906 05	156,906 95	»	25,206 95	»	156,906 95	
Total des produits de monopoles et exploitations industrielles de l'État	4,983,200 00	5,515,977 08	5,515,977 98	»	612,777 98	»	5,515,977 98	
					612,777f 98			
§ 3. — PRODUITS ET REVENUS DU DOMAINE DE L'ÉTAT.								
Produits du domaine autre que le domaine forestier	2,433,400 00	1,928,901 57	1,598,872 84	331,028 87	»	834,527 16	1,598,872 84	
Produits des forêts	1,570,800 00	2,391,002 38	2,212,226 38	178,776 30	641,426 38	»	2,212,226 38	
Total des produits et revenus du domaine de l'État	4,004,200 00	4,320,004 95	3,811,099 22	509,805 33	641,426 38	834,527 16	3,811,099 22	
					193,100f 78			
§ 4. — PRODUITS DIVERS DU BUDGET.								
Produits divers	782,110 00	830,881 70	830,881 68	57 07	»	51,280 32	830,881 68	
					51,285f 32			
§ 5. — RECETTES D'ORDRE.								
Recettes en atténuation de dépenses	2,620,420 00	2,461,680 50	2,361,981 24	100,000 40	»	258,438 70	2,361,981 24	
Recettes d'ordre proprement dites	3,313,691 20	3,313,691 20	3,313,691 20	»	»	»	3,313,691 20	
Total des recettes d'ordre	5,934,111 20	5,779,081 08	5,675,672 44	100,000 40	»	258,438 70	5,675,672 44	
					258,438f 70			
Total des recettes	58,847,838 20	59,780,014 18	57,885,440 72	864,479 40	1,610,055 77	2,372,550 25	57,885,440 72	
					762,504f 48			

ÉTAT D.

État général, par département et par branche de revenus, des recettes de l'Exercice 1901.

ÉTAT D.

§ 1er. — IMPÔTS ET REVENUS.

DÉPARTEMENTS	Contributions directes et centimes d'État.	Taxes assimilées aux contributions directes.	Contributions arabes.	Enregistrement.	Timbre.	Taxe sur le revenu des valeurs mobilières, etc.	Douanes.	Contributions diverses.	Total du § 1er.	OBSERVATIONS.
	fr. c.	fr. c.	fr. c.	fr. c.	fr. c.	fr. c.	fr. c.	fr. c.	fr. c.	
………	1,504,608 38	63,866 02	2,417,025 23	1,847,673 17	1,820,591 38	180,634 83	5,533,207 31	3,700,516 68	17,054,322 85	
………	1,192,828 15	78,744 37	3,583,087 66	1,176,379 78	1,071,353 47	87,144 36	2,978,322 48	1,109,856 52	11,287,330 81	
………	1,010,384 01	56,254 25	2,130,862 80	1,355,513 88	1,196,832 44	22,400 94	6,142,238 81	1,729,588 90	13,675,807 63	
	3,707,811 08	200,874 04	8,230,915 74	4,379,566 83	4,094,888 25	210,180 13	14,653,768 60	6,539,962 10	42,017,067 32	
Recouvrements complémentaires — À ajouter……					34,218 04				34,218 04	
Recouvrements complémentaires — À déduire……				10 86					10 66	
Total………	3,707,811 08	200,874 04	8,230,915 71	4,379,546 97	4,128,587 17	210,180 13	14,653,768 60	6,539,962 10	42,051,866 46	

DÉPARTEMENTS	PRODUITS DE MONOPOLES ET EXPLOITATIONS INDUSTRIELLES DE L'ÉTAT				PRODUITS ET REVENUS DU DOMAINE DE L'ÉTAT			OBSERVATIONS
	Postes	Télégraphes	Téléphones	TOTAL DE 2	Produits du domaine autre que le domaine forestier	Produits des forêts	TOTAL DE 3	
[illegible]	1,083,734 50	692,644 50	83,212 10	2,250,574 [illegible]	592,006 80	636,152 42	890,042 [illegible]	
[illegible]	664,586 58	444,396 58	13,854 70	1,449,761 79	[illegible]	1,867,566 27	[illegible]	
[illegible]	1,083,542 12	518,896 44	51,890 10	1,652,886 [illegible]	508,886 70	125,006 24	680,324 90	
[illegible]	[illegible]	816,947 34	18,698 [illegible]	2,216,[illegible]	[illegible]	3,651,115 43	4,460,967 61	
[illegible]	[illegible]	1,809 50	[illegible]	1,802 24	[illegible]	230 47	410 45	
[illegible]					[illegible]		302,212 67	
[illegible]	4,567,681 16	1,617,809 99	184,890 30	5,215,487 [illegible]	[illegible] 84	2,612,890 30	3,011,006 31	

Suite de *l'État général, par département et par branche de revenus,
des recettes de l'exercice 1901.*

DÉPARTEMENTS.	§ 4. PRODUITS DIVERS du budget.	§ 6. RECETTES D'ORDRE.		
		Recettes en atténuation de dépenses.	Recettes d'ordre proprement dites.	TOTAL du § 6.
	fr. c.	fr. c.	fr. c.	fr. c.
………………	354.978 75	906.348 44	»	906.348 44
………………	305.837 39	635.213 25	»	635.213 25
………………	153.122 75	825.696 37	»	825.696 37
	813.938 89	2.367.258 06	»	2.367.258 06
A ajouter………	272.842 80	»	3.681.945 76	3.681.945 76
A déduire………	255.937 07	5.970 82	308.254 88	373.531 38
Total………	830.824 68	2.361.081 24	3.313.691 20	5.675.672 44

*Récapitulation par département et par branche de revenus,
des Recettes de l'Exercice 1901.*

ÉTAT D.

DÉPARTEMENTS.	§ 1er. Impôts et revenus.	§ 2. Produits de monopoles et exploitations industrielles de l'État.	§ 3. Produits et revenus du domaine de l'État.	§ 4. Produits divers du budget.	§ 6. Recettes d'ordre.	TOTAL des recettes du lui
	fr. c.	fr. c.	fr. c.	fr. c.	fr. c.	fr. c.
Alger………………	17.054.322 88	2.420.571 21	909.047 81	354.978 75	906.348 44	21.735.269 09
Constantine……………	11.287.336 81	1.440.783 78	2.559.025 83	305.837 30	635.213 25	16.225.307 06
Oran………………	13.075.307 63	1.652.960 70	535.234 00	153.122 75	825.696 37	16.842.821 45
	42.917.067 32	5.514.315 69	4.093.307 64	813.938 80	2.307.258 06	54.804.487 60
Virements de comptes. A ajouter………	34.918 94	1.602 29	110 45	272.842 80	3.681.945 76	3.990.780 30
A déduire………	19 80	»	282.316 87	255.057 07	373.531 38	911.827 18
Total………	42.951.806 40	5.515.877 98	3.817.099 22	830.824 68	5.675.672 44	57.885.440 72

COMPTE DÉFINITIF

DES RECETTES DE L'EXERCICE 1901.

§ 1ᵉʳ. — IMPÔTS ET REVENUS.

1° Contributions directes, taxes y assimilées et contributions arabes.

(Voir les tableaux, page 26.)

Les contributions directes perçues en Algérie sont : la contribution foncière sur les propriétés bâties et la contribution des patentes.

La loi du 23 décembre 1884, qui a établi la contribution foncière sur les propriétés bâties en Algérie, à partir de l'exercice 1886, n'autorisait la perception que de centimes départementaux ou communaux, calculés sur un principal fictif déterminé à raison de 5 p. o/o du revenu net imposable. C'est l'article 5 de la loi de finances du 20 juillet 1891 qui a prescrit la perception, à partir du 1ᵉʳ janvier 1892, du principal de la contribution foncière sur les propriétés bâties, en limitant cette imposition à 3.20 p. o/o du revenu net imposable.

La loi du 15 juillet 1880 sur les patentes a été rendue applicable à l'Algérie, à partir du 1ᵉʳ janvier 1882, par un décret du 26 décembre 1881 et sous les modifications spécifiées par ce décret. Cette contribution était antérieurement perçue en vertu de l'ordonnance du 31 janvier 1847, qui reproduisait les principales dispositions de la loi du 25 avril 1844.

Au principal de l'impôt sont ajoutés : 1° 5 cent. 76 additionnels par franc pour tenir lieu du droit de timbre, dont les formules de patentes sont affranchies en Algérie, et 2° 5 centimes destinés à couvrir les décharges, remises, etc., ainsi que les frais d'impression et d'expédition des formules ; les décharges et frais sont, en cas d'insuffisance des 5 centimes, prélevés sur le principal des rôles. Enfin, le dixième du principal recouvré est attribué aux communes et leur est versé au fur et à mesure des recouvrements.

Pour ces deux sortes d'impositions, les contrôleurs des contributions directes procèdent annuellement au recensement des imposables et à la formation des matrices d'après lesquelles le service des contributions directes établit les rôles ; ces rôles, rendus exécutoires soit par le préfet, soit par le général commandant la division, suivant qu'ils s'appliquent au territoire civil ou au territoire militaire, sont adressés aux receveurs des contributions diverses chargés du recouvrement.

En vertu des dispositions du décret du 3 novembre 1892, ces receveurs sont, comme les receveurs particuliers des finances et les percepteurs de la Métropole, tenus de verser de leurs deniers personnels, à une époque déterminée, les sommes non payées par les contribuables.

La loi du 21 avril 1810 sur les mines a été promulguée en Algérie par le décret du 24 mars 1
Les lois et décrets postérieurs sur la matière sont également applicables à la colonie.

Les rôles sont établis par le service des contributions directes et les redevances recouvrées par
des contributions diverses.

Un décret du 30 décembre 1897 a rendu applicables et exécutoires en Algérie, sous certaines rés
et modifications, l'ordonnance du 17 avril 1839, les décrets du 26 février 1873 et du 1ᵉʳ mai 18
loi du 21 juillet 1894 et le décret du 17 décembre 1894, c'est-à-dire la législation qui régit la m
dans la Métropole. La perception est confiée aux receveurs des contributions diverses et s'effectu
des états-matrices dressés par les vérificateurs d'après le tarif annexé au dernier décret cité.

Les visites chez les pharmaciens, droguistes, etc., prescrites en France par la loi du 21 germ
an XI, sont effectuées en Algérie en vertu d'un arrêté de l'intendant civil en date du 12 septembre
et du décret du 12 juillet 1851.

Comme ceux des autres contributions et taxes mentionnées ci-dessus, les rôles concernant les v
chez les pharmaciens sont établis par les agents des contributions directes et recouvrés par les rece
des contributions diverses.

Le recouvrement du produit des taxes assimilées aux contributions directes a lieu, en Algérie,
même manière que celui des contributions directes.

Les contributions rangées sous le titre de *contributions arabes* frappent exclusivement les
gènes; elles sont au nombre de quatre, savoir :

Hocker, loyer des terres;
Achour, impôt sur les grains;
Zekkat, impôt sur le bétail;
Lezma, impôt de capitation, impôt sur les palmiers, etc.

L'hocker représente le loyer des terres dites *azel* ou *arch*, sur lesquelles la tribu n'a qu'un dro
jouissance, par suite, soit de concession originelle, soit de confiscation; cet impôt n'existe que da
province de Constantine.

L'achour est établi sur la récolte des terres ensemencées; la base est la « charrue », quantité de te
variable suivant les régions, qui peut être labourée chaque année par une charrue attelée de deux bo
cette quantité varie de 12 à 15 hectares.

Le zekkat est perçu par tête de bétail, bœufs, moutons, chèvres et chameaux.

Sous le nom générique de *lezma* on comprend certaines contributions spéciales, perçues par
lièrement sur les tribus du Sud, sous diverses formes : impôt sur les palmiers, droit de capita
droits mobiliers ou immobiliers.

En territoire civil, le recensement de la matière imposable, ainsi que les divers travaux se rattac
à l'assiette des impôts arabes, est effectué par des agents des contributions directes; les rôles sont
blis par le directeur de cette administration pour l'Algérie, rendus exécutoires par le préfet et env
pour être mis en recouvrement, au service des contributions diverses.

En territoire militaire, la matière imposable est recensée par les chefs indigènes, caïds ou che
sous la surveillance des officiers des bureaux arabes; les rôles, établis comme en territoire civil, p
service des contribution directes, sont rendus exécutoires par le général commandant la division.

L'impôt arabe est, en territoire militaire, soumis à un prélèvement, en général fixé à 1 dixième, au profit des chefs collecteurs. (Ordonnance du 17 janvier 1845 et loi du 21 décembre 1874.)

Le produit net est partagé entre le budget de l'Algérie et les budgets départementaux dans une proportion qui a plusieurs fois varié et qui est actuellement fixée à la moitié. (Décrets des 25 août 1852, 7 décembre 1858, 24 septembre 1861 et 22 octobre 1875.)

Les impôts arabes sont accrus de centimes additionnels affectés, partie aux communes constituées, partie au service de l'assistance hospitalière, partie aux dépenses résultant de la constitution de la propriété indigène.

Ces impôts n'entrent dans le présent compte que pour la portion du principal attribuée au budget de l'Algérie et pour les centimes additionnels généraux.

En ce qui concerne les contributions arabes, les receveurs des contributions diverses n'étant pas, comme les receveurs des finances et les percepteurs de la métropole, tenus de verser de leurs deniers personnels, à une époque déterminée, les sommes non payées par les contribuables, il y a lieu à une liquidation dont les résultats sont indiqués au présent compte.

La situation de l'apurement des contributions directes et taxes assimilées appartenant à l'exercice 1901 se trouve présentée en un premier tableau dont les résultats sont les suivants :

Droits constatés pendant l'exercice.. 12,457,270ᶠ 58ᶜ

Déductions, à titre de remises ou non-valeurs.. 121,877 94

Reste en produits à réaliser.. 12,335,392ᶠ 64ᶜ

Recouvrements effectués pendant l'exercice... 12,139,601 43

Reste à recouvrer à la clôture de l'exercice, à reporter à l'exercice suivant......... 195,791 21

Situation
des contributions
directes
et
des
taxes assimilées
pour 1901.

TABLEAU de situation de l'apurement des droits et produits constatés [sur] les contributions et taxes assimilées pour l'exercice 1901.

DÉSIGNATION DES DROITS ET PRODUITS.	DROITS CONSTATÉS.					RECOUVREMENTS effectués pendant l'exercice 1901.	RESTE À RECOUVRER reporté à l'exercice 1902.			OBSERVATIONS.
	Droits constatés pendant l'exercice 1901.	À déduire les produits admis en non-valeurs. Droits dont il a été fait remise aux redevables.	Droits tombés en non-valeurs.	TOTAL des déductions.	Reste en droits constatés pour l'exercice 1901.		sur les comptables.	sur les contribuables.	TOTAL.	
	2	3	4	7	8	9	10	11	12	13
	fr. c.	fr. c.	fr. c.	fr. c.	fr. c.	fr. c.	fr. c.	fr. c.	fr. c.	
IMPÔTS DIRECTS.										
CONTRIBUTIONS ET TAXES ASSIMILÉES EN ALGÉRIE.										
Contributions directes — Contribution foncière (propriétés bâties)...	1,996,060 36	»	»	»	1,996,060 36	1,955,806 98	»	40,254 38	40,254 38	
Contribution des patentes...	1,842,465 83	»	»	»	2,842,465 83	1,752,005 10	»	90,460 73	90,150 73	
Totaux...	3,838,526 19	»	»	»	3,838,526 19	3,707,811 08	»	130,715 11	130,715 11	
Taxes assimilées — Redevances des mines...	41,530 29	»	»	»	41,530 29	33,340 68	»	8,189 61	8,189 61	
Droits de vérification des poids et mesures...	157,513 65	»	»	»	157,012 65	156,579 56	»	433 09	433 09	
Droits de visite des pharmacies et magasins de droguistes...	11,471 00	»	»	»	11,471 00	40,676 00	»	795 00	795 00	
Frais de surveillance et de contrôle des filatures de soie...	»	»	»	»	»	»	»	»	»	
Droits d'inspection des fabriques et dépôts d'eaux minérales...	281 00	»	»	»	281 00	278 00	»	3 00	3 00	
Totaux...	210,295 00	»	»	»	210,295 00	300,874 44	»	9,421 30	9,421 30	
Contributions arabes — Hockor...	484,301 62	10,411 73	»	10,411 73	473,889 89	472,941 28	»	948 61	948 61	
Achour...	2,480,235 04	31,423 59	»	31,423 09	2,448,812 35	2,435,099 56	»	14,812 79	14,812 79	
Zekkat...	2,443,001 39	33,020 38	»	33,020 38	2,409,981 01	2,401,234 88	»	8,746 13	8,746 13	
Lesma...	930,966 05	32,199 16	»	32,199 16	898,770 49	879,792 29	0 01	18,978 19	18,978 20	
Centimes additionnels généraux...	733,040 44	3,028 54	»	3,028 54	730,011 90	726,124 80	»	3,887 10	3,887 10	
Dixième du principal attribué aux chefs collecteurs...	1,334,899 41	11,794 44	»	11,794 44	1,323,104 97	1,314,822 90	»	8,281 97	8,281 97	
Totaux...	8,406,443 65	131,877 84	»	131,877 94	8,288,570 56	8,230,915 71	0 01	55,654 79	55,654 80	
Totaux généraux...	12,457,270 58	131,877 94	»	131,877 94	12,335,391 44	[illegible] 43	0 01	195,791 20	195,791 21	

ÉTAT B. *DÉVELOPPEMENT, par département, des recouvrements de l'exercice 1901.*

DÉSIGNATION DES DROITS ET PRODUITS.	DÉPARTEMENTS			TOTAL.	OBSERVATIONS.
	D'ALGER.	DE CONSTANTINE.	D'ORAN.		
1	2	3	4	5	6
	fr. c.	fr. c.	fr. c.	fr. c.	
IMPÔTS DIRECTS.					
CONTRIBUTIONS ET TAXES ASSIMILÉES EN ALGÉRIE.					
Contributions directes. Contribution foncière (propriétés bâties)	842,075 08	602,636 21	511,094 09	1,955,805 98	
Contribution des patentes	722,823 24	500,191 94	528,989 92	1,752,005 10	
Totaux	1,564,898 32	1,102,828 15	1,040,084 61	3,707,811 08	
Taxes assimilées. Redevances des mines	4,994 62	26,762 87	1,583 19	33,340 08	
Droits de vérification des poids et mesures	52,643 40	47,255 50	56,681 06	156,579 96	
Droits de visite des pharmacies et magasins de drogueries	5,950 00	4,726 00	"	10,676 00	
Frais de surveillance et de contrôle des filatures de soie	"	"	"	"	
Droits d'inspection des fabriques et dépôts d'eaux minérales	278 00	"	"	278 00	
Totaux	63,866 02	78,744 37	58,264 25	200,874 64	
Contributions arabes. Hockor	"	472,941 28	"	472,941 28	
Achour	710,871 70	782,756 18	940,371 58	2,433,999 46	
Zekkat	748,006 74	981,017 96	672,216 18	2,401,234 88	
Lezma	389,991 95	489,718 37	81 97	879,792 29	
Centimes additionnels généraux	206,818 15	325,579 22	195,727 43	728,124 80	
Dixième du principal attribué aux chefs collecteurs	361,342 69	630,994 67	322,485 64	1,314,823 00	
Totaux	2,417,025 23	3,083,007 08	2,130,882 80	8,230,915 71	
Totaux généraux	4,045,780 57	4,864,580 20	3,229,231 06	12,139,601 43	

Suite du paragraphe 1er. — IMPÔTS ET REVENUS.

2° Enregistrement.

3° Timbre.

4° Taxe sur le revenu des valeurs mobilières, etc.

5° Douanes.

6° Contributions diverses.

(Voir les tableaux, page 38.)

2° ENREGISTREMENT.

Résultats de l'exercice : ÉTAT A. Droits constatés, non-valeurs, recouvrements, droits restés à recouvrer.

— ÉTAT B. Développement des recettes par département.

— ÉTAT C. Développements administratifs.

(Pages 38 à 55.)

L'enregistrement est la reproduction textuelle ou l'analyse d'un acte sur un registre public.

On appelle droit d'enregistrement l'impôt perçu lors de l'accomplissement de cette formalité.

L'inscription sur le registre public, des déclarations de mutations prescrites par la loi et non constatées par acte, porte également la dénomination d'enregistrement.

L'impôt perçu sur ces déclarations a pris de même le nom de droit d'enregistrement.

Les *Produits de l'Enregistrement* sont répartis en six sections : 1. *Droits sur les mutations.* — 2. *Droits sur les autres conventions et actes civils, administratifs et de l'état civil.* — 3. *Droits sur les actes judiciaires et extrajudiciaires.* — 4. *Droits d'hypothèques.* — 5. *Pénalités.* — 6. *Recettes diverses.*

1. *Droits sur les mutations.* — Ces droits comprennent, en totalité, ceux auxquels sont assujetties les *mutations à titre onéreux*, les *mutations à titre gratuit* (donations), et la *taxe représentative du droit d'accroissement.* Le droit proportionnel de transcription est, dans tous les cas, rattaché aux mutations immobilières auxquelles ils se rapporte.

2. *Droits sur les autres conventions et actes civils, administratifs et de l'état civil.* — Ces droits comprennent, d'une part, les contrats ci-après, taxés aux droits proportionnels : *adjudications au rabais et marchés;* — *assurances;* — *baux et antichrèses;* — *cautionnements;* — *contrats de mariages;* — *délivrances de legs;* — *libérations;* — *mainlevées;* — *obligations;* — en y rattachant les *prorogations de délai* et les *titres nouveaux;* — *partages;* — *sociétés;* — et, d'autre part, les actes divers de même nature assujettis à des droits fixes. Le droit proportionnel de transcription, lorsqu'il est exigible sur les contrats de cette section, y est également rattaché.

3. *Droits sur les actes judiciaires et extrajudiciaires.* — Ces droits sont subdivisés en deux catégories : 1° *actes judiciaires;* 2° *actes extrajudiciaires.* — La première concernant les *actes judiciaires* comprend d'une part les *droits d'enregistrement* (droits proportionnels sur les jugements et arrêts et droits fixes sur tous les autres actes aux tarifs de 1892 et de 1893) et, d'autre part, les *droits et frais de greffe* qui n'atteignent plus d'ailleurs que les procédures devant la Cour de cassation et le Conseil d'État. — La seconde, relative aux *actes extrajudiciaires*, comprend les *droits fixes d'enregistrement* auxquels sont soumis les actes de cette nature.

4. *Droits d'hypothèques.* — Dans cette section figurent les *droits proportionnels d'inscription* auxquels donnent lieu les inscriptions de privilèges et d'hypothèques. Il y est également fait état des *droits fixes de transcription* exigibles, lors de cette formalité, sur les actes qui ont subi le droit proportionnel au moment de l'enregistrement, ou ne sont pas assujettis à ce droit et qui acquittent ainsi, en quelque sorte, un salaire de formalité au profit du Trésor.

5. *Pénalités.* — La section des pénalités comprend les *droits et demi-droits en sus* et certaines catégories *d'amendes :* (amendes de consignation; — amendes de condamnation; amendes concernant l'Enregistrement et les Poids et mesures). — Toutes les amendes de contravention sont rattachées à chacun des impôts auxquels elles s'appliquent.

6. *Recettes diverses.* — Sous cette rubrique sont classées les différentes perceptions qui, par leur nature, ne rentrent pas dans les sections précédentes.

Mode de comptabilité des produits de l'enregistrement.

Au point de vue du recouvrement, les *Produits de l'Enregistrement* se divisent en deux catégories. Dans la première figurent ceux qui, liquidés, constatés et recouvrés simultanément, sont désignés sous l'appellation de « *droits au comptant* ». Dans la seconde sont classés les produits dont le recouvrement est postérieur à la liquidation et à la constatation et qui reçoivent plus particulièrement la dénomination de « *droits constatés* ».

Les produits de l'une et l'autre catégorie appartiennent à l'exercice portant le millésime de l'année au cours de laquelle ils ont été liquidés et constatés ou sont devenus exigibles.

La constatation des droits et produits payables au comptant résulte de l'enregistrement en recette des sommes reconnues exigibles au profit du Trésor; celle des droits et produits dont le payement n'est pas immédiat résulte de la consignation qui en est faite par les receveurs sur des sommiers particuliers au fur et à mesure de la remise des titres ou de l'exigibilité des créances de l'État sur les redevables.

Des états de droits et produits constatés sont dressés par les receveurs pour servir de base et de justifications à leurs comptes annuels.

Le compte de la première année de l'exercice, présente les droits et produits constatés; — les droits recouvrés, et ceux qui restent à recouvrer au 31 décembre de cette année.

Le compte de la deuxième année de l'exercice indique : — 1° la reprise des restes à recouvrer au 1er janvier; — 2° le montant des droits et produits qui, par suite des remises ou modérations accordées aux redevables, de l'insolvabilité dûment justifiée des débiteurs, ou pour toute autre cause ont été reconnus irrécouvrables dans le cours de l'exercice et, par suite, admis en non-valeur à la décharge des comptables; — 3° le montant des droits et produits mis à la charge de ces préposés ou recouvrables sur les parties, à reporter à l'exercice courant; — 4° enfin, les droits réalisés jusqu'à l'époque de la clôture de l'exercice (1).

Les directeurs dans les départements arrêtent, au vu des pièces produites par les receveurs, les états des articles irrécouvrables tombés en non valeur et ceux des articles qui, quoique susceptibles de recouvrement, n'ont pu être apurés au cours de l'exercice et qu'il convient de reporter à l'exercice suivant.

L'état des articles à mettre à la charge des comptables, pour cause de négligence dans le recouvrement, est également dressé par les directeurs. — L'Administration statue en premier ressort sur cette responsabilité, ses décisions sont soumises à l'approbation du gouverneur général de l'Algérie.

Ces divers états, accompagnés des pièces justificatives se rapportant aux articles admis en non valeur, sont produits par chaque receveur, à l'appui de son compte, à la Cour des comptes, qui statue par ses arrêts sur la régularité des décharges.

Les quotités des droits appliqués en Algérie sont différentes de celles qui servent de base, en France, à la perception des droits d'enregistrement.

1° Aux termes de l'ordonnance organique du 19 octobre 1841 (art. 4), les mutations des biens meubles et immeubles, droits et créances, opérées par décès, ne sont soumises à aucun droit;

2° Aux termes de l'article 2 de la même ordonnance, il n'est perçu en Algérie, pour l'enregistrement, que la moitié des droits, soit fixes, soit proportionnels, décimes non compris, qui sont perçus en France ; cependant les amendes fixes de contravention, de condamnation ou de consignation, non plus que les droits en sus, ne bénéficient pas de la réduction de moitié édictée par l'article 2 de ladite ordonnance, et leur quotité est la même que dans la métropole.

---

(1) En ce qui concerne l'exercice 1902, et les exercices suivants, il y a lieu de remarquer que, bien qu'il ne soit produit qu'un compte d'année par les Receveurs, ceux-ci continueront à fournir au 31 décembre et en fin d'exercice les documents nécessaires pour établir l'apurement des droits et produits du budget de l'Algérie.

L'apurement des droits et produits constatés de l'exercice 1901 présente les résultats ci-après :

Le total des droits et produits constatés sur l'enregistrement pour l'exercice 1901, s'élève à. 4,412,428f 89c

A déduire pour les droits et produits qui ont été admis en non-valeur. 20,920 70

Reste pour les droits et produits susceptibles de recouvrement. 4,391,508 19

Il a été recouvré pendant la durée de l'exercice. 4,379,546 97

Il restait donc à recouvrer à l'expiration de l'exercice. 11,961 22

cette somme a été reportée à l'exercice 1902.

3° TIMBRE.

Résultats de l'exercice : ÉTAT A. Droits constatés, non-valeurs, recouvrements, droits restés à recouvrer. — ÉTAT B. Développement des recettes par département. — ÉTAT C. D. E. Développements administratifs.

(Pages 56 à 69.)

L'impôt du timbre est un impôt de consommation qui doit être acquitté par l'emploi du papier timbré au moment de la rédaction de tout acte devant ou pouvant faire titre, et le droit est acquis au Trésor par la seule existence de cet acte, abstraction faite de sa validité, de son utilité juridique et de l'usage qu'on en peut faire.

La loi organique du 13 brumaire an VII a consacré la distinction, déjà faite sous l'ancien régime, entre le *timbre fixe* et le *timbre proportionnel*; mais, depuis cette époque, soit au fur et à mesure du développement de la fortune mobilière, soit à raison des besoins du Trésor, de nombreuses dispositions législatives sont venues successivement s'ajouter aux prescriptions inscrites dans la loi de brumaire. Les deux grandes divisions établies par la Constituante gouvernent toujours la matière, mais, dans l'une et l'autre catégorie, les taxes se sont, le plus souvent, spécialisées, atteignant la matière imposable dans toutes ses manifestations.

L'impôt du timbre est perçu par: 1° la *débite* des papiers timbrés, effectuée par l'administration de l'Enregistrement; 2° par le *timbrage à l'extraordinaire* des papiers présentés par les particuliers; 3° par le *visa pour valoir timbre*; 4° par l'*apposition de timbres mobiles* dans les cas et dans les formes où ces trois derniers modes sont prescrits et autorisés. Les droits sont presque toujours exigibles au comptant quelquefois par abonnement.

La nomenclature des *Produits du timbre* comprend quatre sections : 1. *Timbre non proportionnel* (dimension et fixe); — 2. *Timbre proportionnel;* — 3. *Pénalités;* — 4. *Recettes diverses.*

L'impôt du timbre est régi en Algérie par la législation de la métropole, qui y est tout entière en vigueur ; les tarifs sont donc, en principal et décimes, les mêmes en Algérie qu'en France.

Les produits du timbre égaux aux droits constatés correspondants ont été pour l'exercice 1901, de.. 4,128,807ᶠ 17ᶜ

et n'ont laissé apparaître aucun reste à recouvrer.

4° TAXE SUR LE REVENU DES VALEURS MOBILIÈRES, ETC.

Résultats de l'exercice : ÉTAT A. Droits constatés, non-valeurs, recouvrements, droits restés à recouvrer. — ÉTAT B. Développement des recettes par département. — ÉTAT C. D. Développements administratifs.

(Pages 70 et 71.)

La taxe sur le revenu des valeurs mobilières a été établie par la loi du 29 juin 1872. Cette taxe a son caractère propre, c'est une « sorte d'impôt direct » et on ne saurait la classer dans la catégorie ni des droits de timbre, ni des droits d'enregistrement. Elle n'a d'autre point de contact avec ce dernier impôt que son mode de recouvrement.

La loi de 1872 visait uniquement, d'une part, les intérêts, dividendes, revenus et tous autres produits des actions de toute nature des sociétés, compagnies ou entreprises quelconques, financières, industrielles, commerciales ou civiles; d'autre part, les arrérages et intérêts annuels des emprunts et obligations des départements, communes et établissements publics, ainsi que des sociétés qui viennent d'être dénommées; enfin, les intérêts, produits et bénéfices annuels des parts d'intérêt et commandites, dans les sociétés, compagnies et entreprises dont le capital n'est pas divisé en actions. C'est la distribution qui, pour les revenus de cette catégorie, est le fait générateur de l'impôt.

Mais les lois du 28 décembre 1880 et du 29 décembre 1884 ont étendu la perception de la taxe sur le revenu à certaines collectivités : d'une part, aux congrégations, communautés et associations religieuses, autorisées ou non autorisées, qui en sont débitrices par le fait seul de leur caractère d'associations religieuses; d'autre part, aux sociétés qui s'interdisent, par leurs statuts, de procéder à une distribution de leurs produits. La taxe, dans ce cas, est assise sur les revenus des biens possédés ou occupés par ces collectivités.

Il a paru nécessaire de faire ressortir les produits de la taxe sur les revenus des biens possédés ou occupés par certaines collectivités.

La loi du 24 décembre 1896 a réparti, en conséquence, en quatre sections l'ensemble des produits de l'espèce : 1. *Revenu des valeurs mobilières;* — 2. *Revenu de certaines collectivités;* — 3. *Pénalités;* — 4. *Recettes diverses.*

La loi du 29 juin 1872 est applicable à l'Algérie et le mode de perception de la Taxe sur le revenu des valeurs mobilières est le même que celui qui est appliqué en France.

Le total des droits et produits constatés sur la Taxe sur le revenu s'élève pour l'exercice 1901 à... 210,420ᶠ 65ᶜ

À déduire pour les droits et produits qui ont été admis en non valeur....... 240.52

Reste pour les droits et produits susceptibles de recouvrement.............. 210,180.13
Il a été recouvré pendant la durée de l'exercice.......................... 210,180.13

Il restait donc à recouvrer à l'expiration de l'exercice................... "

5° DOUANES.

Résultats de l'exercice : **ÉTAT A.** Droits constatés, non-valeurs, recouvrements, droits restés à recouvrer — **ÉTAT B.** Développement des recettes par département. — **ÉTAT C.** Développement administratif.

(Pages 72 à 79.)

Les droits que les comptables des douanes sont appelés à recouvrer sont divisés en quatre parties en raison des principales branches de revenus suivantes :

Droits de douanes à l'importation;

Droits de navigation;

Droits divers et recettes accessoires;

Amendes et confiscations.

La première division comprend :

Les *droits de douanes à l'importation* sur les marchandises diverses et sucres bruts et raffinés de toute origine, qui sont perçus en vertu des lois, décrets et tarifs en vigueur;

Le *droit de statistique* établi en Algérie par la loi de finances du 28 décembre 1895.

La deuxième est relative aux *droits de navigation*, c'est-à-dire aux droits de quai; congés des bateaux français (pêcheurs ou allèges); passeports des bâtiments étrangers; passeports des bateaux étrangers (pêcheurs ou allèges); patente des bateaux corailleurs.

La troisième division réunit les *droits divers et recettes accessoires* perçus par le service des douanes : droits de timbre de toute nature; brevets de francisation des navires; fonds reçus des communes et de divers pour frais d'exercice des entrepôts; droits de magasinage et de garde; 6 p. o/o du produit brut de l'octroi de mer revenant au Trésor pour frais de perception; intérêts pour crédits de droits de douanes; moitié de la remise afférente aux marchandises enlevées avant acquittement; recettes accidentelles; taxes de plombage et d'estampillage; droits sanitaires et de port.

La quatrième a rapport au produit des *amendes et confiscations* pour infractions aux lois de douanes.

Un état de développement spécial présente la situation des droits constatés, ainsi que les recouvrements effectués et les restes à recouvrer en fin d'exercice. — Un second état donne, par bureau principal et par nature de droits, le chiffre des recouvrements. Un troisième état relate la valeur des diverses natures de marchandises, importées suivant le classement du tarif des douanes, et les droits qu'elles ont acquittés; enfin une série de tableaux successifs fait ressortir la situation des droits de navigation, des droits et produits accessoires et des amendes et confiscations avec l'indication des objets soumis à la taxe et de la quotité appliquée à chacun d'eux.

Les droits constatés pour l'exercice 1901, à savoir ceux qui ont été réglés au comptant et ceux qui n'ont été recouvrés que dans des délais plus ou moins rapprochés, se sont élevés à la somme de (A) 14,678,521 03

Si l'on en déduit les droits dont il a été fait remise ou qui ont été reconnus irrécouvrables, ainsi qu'il en a été justifié à la Cour des comptes, soit 9,341 18

Il reste pour les droits susceptibles de recouvrement 14,669,179 85
Pendant la durée de l'exercice il a été recouvré 14,653,768 60

Il restait donc à recouvrer à l'expiration de l'exercice 1901 . . . .   15,411 25

6° CONTRIBUTIONS DIVERSES.

Résultats de l'exercice : ÉTAT A. Droits constatés, non-valeurs, recouvrements, droits restés à recouvrer. — ÉTAT B. Développement des recettes par département. — ÉTAT C. Développement administratif.

(Pages 80 à 88.)

Les droits perçus au titre des contributions diverses sont les suivants :

Droits sur les alcools (Loi du 13 avril 1898, article 31);

Droit de licence sur la fabrication et la vente des boissons et des tabacs (Ordonnance du 31 janvier 1847 et art. 39 de la loi du 28 avril 1893);

____

(A) Voir le détail, état A, pages 72 et 73.

Droit de garantie des matières d'or et d'argent (Décrets des 24 juillet 1857 et 6 août 1859; lois des 30 mars 1872 et 30 décembre 1873, et décrets de promulgation des 11 juin 1872 et 11 septembre 1874);

Droit de timbre des expéditions et quittances (Loi du 28 avril 1816);

Frais de poursuites pour le recouvrement des droits (Arrêté ministériel du 20 septembre 1850);

Estampilles des voitures publiques et divers produits de minime importance.

Assiette et constatation des droits sur les alcools introduits ou fabriqués en Algérie.

Une taxe de 30 francs par hectolitre d'alcool pur a été ajoutée par l'article 32 de la loi du 26 janvier 1892 au droit d'octroi de mer établi sur les alcools introduits ou fabriqués en Algérie; l'article 18 de la loi du 28 décembre 1895 a porté cette taxe à 75 francs, enfin l'article 31 de la loi du 13 avril 1898 a fixé à 100 francs par hectolitre d'alcool pur le droit de consommation sur les alcools fabriqués ou introduits en Algérie.

Le droit de licence est dû par tout fabricant ou marchand de boissons ou de tabacs (le monopole des tabacs n'existe pas en Algérie); il est perçu en raison de la valeur locative de l'établissement imposé et de la population de la commune où cet établissement est exploité, ou en raison de la population sans tenir compte de la valeur locative; ou enfin d'après un tarif fixe pour les cafetiers de troupes établis dans l'intérieur des forts, camps ou casernes où le public n'est pas admis et pour les colporteurs de boissons ou de tabacs. Ce droit, comme d'ailleurs tous ceux compris dans la nomenclature qui précède, est constaté par les contrôleurs ou autres agents des contributions diverses.

Les droits de garantie et de timbre sont les mêmes qu'en France et soumis aux mêmes règles.

Les agents de poursuites étant rétribués en Algérie au moyen de traitements fixes, le coût des actes de poursuites est recouvré sur les assujettis au profit du Trésor, et ce recouvrement forme un article spécial dans les recettes budgétaires.

Les règles relatives à l'apurement des droits et produits en fin d'exercice, sont les mêmes en Algérie qu'en France en ce qui touche les revenus indirects.

Les résultats de cet apurement pour 1901 sont présentés par espèce de produits dans un premier tableau qui se résume comme il suit :

Les droits et produits constatés pendant l'exercice se sont élevés à (A).......... 6,574,852f 56c

De ce total il convient de déduire les décharges de droits constatés à tort et les non-valeurs ou sommes irrécouvrables, soit.............................. 3,355 57

Les recettes réalisables ont donc été de.............................. 6,571,496 99
Les recouvrements pendant la durée de l'exercice ayant été de.............. 6,539,962 10

Les restes à recouvrer, soit sur les receveurs déclarés responsables, soit sur les redevables et qui doivent être reportés à l'exercice 1902, s'élèvent à.......... 31,534 89

(A) Voir le détail, état A, pages 80 et 81.

Le dernier tableau fait connaître les objets, quantités, nombres et taxes, qui ont servi de bases aux perceptions opérées en Algérie au titre des contributions diverses. Ces éléments résultent des relevés, états de produits et autres titres de perception mis par les receveurs à l'appui de leurs comptes de gestion pour justifier leurs opérations de recettes. Ces documents sont transmis à la Cour des comptes, dont tous les receveurs des contributions diverses sont justiciables.

Perceptions.

Tableau des Droits et Produits constatés et recouvrés sur l'Enregistrement, pour l'exercice 1901.

DÉSIGNATION DES DROITS ET PRODUITS.	DROITS CONSTATÉS.			RECOUVREMENTS effectués pendant l'exercice 1902.	RESTES À RECOUVRER, REPORTÉS À L'EXERCICE 1902.			OBSERVATIONS.
	Droits constatés pendant l'exercice 1901.	à déduire les droits et produits constatés admis en non-valeur.	Reste, en droits et produits à recouvrer pour l'exercice 1901.		Droits et produits constatés mis à la charge des comptables.	Droits et produits constatés à recouvrer sur les débiteurs.	TOTAL.	
§ 1er. — IMPÔTS ET REVENUS.								
2° PRODUITS DE L'ENREGISTREMENT.								
1re Mutations à titre onéreux. § 1er Meubles. — I. Valeurs mobilières	33,781 00	»	33,781 00	35,781 00	»	»	»	
II. Créances, rentes, prix d'offices	41,511 12	»	41,511 12	41,511 12	»	»	»	
III. Fonds de commerce	40,618 36	»	40,618 36	40,618 36	»	»	»	
IV. Meubles corporels	125,079 48	»	125,079 48	124,728 22	»	351 26	351 26	
TOTAL. (Meubles.)	240,989 96	»	240,989 96	240,638 70	»	351 26	351 26	
§ 2. Immeubles et droits immobiliers. — I. Biens situés en France. 1° Échanges	18,355 12	»	18,355 12	18,143 37	»	211 75	211 75	
2° Ventes	2,108,329 25	13 03	2,108,316 22	2,107,817 70	»	498 52	498 52	
Ensemble	2,126,684 37	13 03	2,126,671 34	2,125,961 07	»	710 27	719 27	
II. Biens situés à l'étranger. 2. — Échanges et ventes.	196 24	»	196 24	195 24	»	»	»	
TOTAL. (Immeubles.)	2,126,880 64	13 03	2,126,867 56	2,126,157 31	»	710 27	710 27	
TOTAL. (Mutations à titre onéreux.)	2,367,870 57	13 03	2,367,857 52	2,366,796 01	»	1,061 53	1,061 53	
2e Mutations à titre gratuit. § 1er. Entre vifs. (Donations.)	94,180 89	»	94,180 89	94,180 89	»	»	»	
§ 2. Par décès. (Successions.)	»	»	»	»	»	»	»	
TOTAUX (Mutations à titre gratuit.)	94,180 89	»	94,180 89	94,180 89	»	»	»	
3° Taxe représentative du droit d'accroissement	»	»	»	»	»	»	»	
TOTAL de la 1re Section. (Droits sur les mutations.)	2,462,051 46	13 03	2,462,038 43	2,460,975 90	»	1,061 53	1,061 53	
§ 2. Droits d'enregistrement. I. Droits proportionnels	739,794 54	»	739,794 54	739,794 54	»	»	»	
II. Droits fixes. — Actes divers civils, administratifs et de l'état civil.	107,705 76	»	107,705 76	107,705 76	»	»	»	
TOTAL. (Enregistrement.)	847,500 30	»	847,500 30	847,500 30	»	»	»	
§ 3. — Droits de transcription. — Droit proportionnel. Conventions et actes civils et administratifs assujettis à cette formalité.	20,664 60	»	20,664 60	20,664 60	»	»	»	
TOTAL de la 2e Section. (Conventions, etc.)	868,164 90	»	868,164 90	868,164 90	»	»	»	
À reporter	3,330,216 36	13 03	3,330,203 33	3,329,141 80	»	1,061 53	1,061 53	

Suite du *Tableau des Droits et Produits constatés et recouvrés sur* l'Enregistrement pour l'exercice 1901.

ÊTAT A.

DÉSIGNATION DES DROITS ET PRODUITS.	DROITS CONSTATÉS pendant l'exercice 1901.	À déduire les droits et produits constatés réduits en non-valeur.	Reste en droits et produits à recouvrer pour l'exercice 1901.	RECOUVREMENTS effectués pendant l'exercice 1901.	RESTES À RECOUVRER renvoyés à l'exercice 1902. Droits et produits constatés mis à la charge des comptables.	Droits et produits constatés à recouvrer sur les débiteurs.	TOTAL.	OBSERVATIONS.
Report....................	3,330,216ᶠ 36ᶜ	13ᶠ 03ᶜ	3,330,203ᶠ 33ᶜ	3,329,141ᶠ 80ᶜ	»	1,061ᶠ 53ᶜ	1,061ᶠ 53ᶜ	
3ᵉ Section. — Droits sur les actes judiciaires et extrajudiciaires. 1ʳᵉ Actes judiciaires. § 1ᵉʳ. Droits d'enregistrement. I et II. Droits proportionnels et droits minima. Arrêts, jugements et sentences........	291,486 75	»	291,486 75	291,486 75	»	»	»	
III. Droits fixes. — Actes divers assujettis à ces droits....	64,482 85	»	64,482 85	64,482 85	»	»	»	
Total. (Actes judiciaires)...........	355,969 60	»	355,969 60	355,969 60	»	»	»	
§ 2. Droits et frais de greffe. — Droits de mise au rôle, de rédaction et d'expédition........	4,111 48	»	4,111 48	4,111 48	»	»	»	
Total. (Enregistrement.)........	360,081 08	»	360,081 08	360,081 08	»	»	»	
2ᵉ Actes extrajudiciaires. — Droits fixes. — Actes divers assujettis aux droits d'enregistrement........	200,650 61	»	200,650 61	200,650 61	»	»	»	
Total de la 3ᵉ section. (Actes judiciaires et extrajudiciaires)...	560,731 69	»	560,731 69	560,731 69	»	»	»	
4ᵉ Section. — Droits d'hypothèque. 1° Droits d'inscription. — Droits proportionnels. — Inscriptions de tous privilèges et hypothèques........	160,618 89	»	160,618 89	160,618 89	»	»	»	
2° Droits de transcription. — Droits fixes. — Transcriptions d'actes ayant subi le droit proportionnel lors de la formalité de l'enregistrement ou non assujettis à ce droit........	239,997 57	»	239,997 57	239,997 57	»	»	»	
Total de la 4ᵉ section. (Hypothèques)........	400,616 46	»	400,616 46	400,616 46	»	»	»	
5ᵉ Section. — Pénalités. Droits et demi-droits en sus........	31,682 16	582 80	31,099 36	30,585 10	»	514 26	514 26	
Amendes de contravention, de condamnation, concernant l'enregistrement, les poids et mesures........	23,919 22	377 50	23,541 72	23,200 72	»	341 00	341 00	
Total de la 5ᵉ section. (Pénalités)........	55,601 38	960 30	54,641 08	53,785 82	»	855 26	855 26	
6ᵉ Section. — Recettes diverses. Assurances contre l'incendie. — Taxe de 6 fr. par million de capitaux assurés.	» (4)	»	»	»	»	»	»	(4) Viennent de comptes d'une somme de 19 fr. 55 transportés aux recettes du budget général.
Droits de toute nature à d'anciens tarifs, suppléments de droits non susceptibles de classement........	20,337 74	»	20,337 74	20,337 74	»	»	»	
Droits de toute nature sur les actes passés en Algérie ou dans les colonies françaises.	4 55	»	4 55	4 55	»	»	»	
Recouvrements de frais de justice........	44,744 11	19,946 62	24,797 49	14,756 66	»	10,041 93	10,041 93	
Recouvrement de frais de poursuites et d'instances........	176 66	0 75	175 85	173 35	»	2 50	2 50	
Total de la 6ᵉ section. (Recettes diverses)......	65,263 06	19,947 37	45,315 69	35,271 20	»	10,044 43	10,044 43	
Total des produits de l'Enregistrement........	4,412,428 89	20,920 70	4,391,508 19	4,379,546 07	»	11,961 22	11,961 22	

	ALGER.	CONSTANTINE.	ORAN.	TOTAL.	VIREMENTS		TOTAL.	OBSERVATIONS.
					À acquérir.	À déduire.		
Droits sur les mutations	1,028,345f 73c	699,538f 82c	733,192f 35c	2,460,976f 90c	»	»	2,460,976f 90c	
Droits sur les autres conventions, etc.	376,697 05	218,942 81	272,525 04	868,164 90	»	»	868,164 90	
Droits sur les actes judiciaires et extrajudiciaires	240,537 70	128,680 05	191,513 91	560,731 09	»	»	560,731 09	
Droits d'hypothèques	159,545 25	103,921 45	137,049 75	400,516 45	»	»	400,516 45	
Pénalités	24,999 87	12,350 58	16,435 37	53,785 82	»	»	53,785 82	
Recettes diverses	17,547 57	12,946 04	4,797 45	35,291 06	»	19f 86c	35,271 20	
Totaux	1,847,673 17	1,176,379 78	1,355,513 88	4,379,560 83		19f 86c	4,379,546 97	

Page 44

PRODUITS DE L'ENREGISTREMENT.

DROITS SUR LES MUTATIONS.

1°. — MUTATIONS À TITRE ONÉREUX.

§ 1er. *Biens meubles.*

N°	DÉSIGNATION DES ACTES ET MUTATIONS SOUMIS AUX DROITS.	NOMBRE de transactions soumises aux droits.	QUOTITÉS des droits (décimes y compris s'il y a lieu).	VALEURS sur lesquelles les droits ont été assis.	MONTANT des droits constatés (décime compris).
	I. — VALEURS MOBILIÈRES.				
	1° Valeurs françaises.				
1	Droits de transmission et de conversion, titres nominatifs. Actions — Transferts	108	0f 25 p. 0/0	1,089,900f 00	2,724f 60
	Actions — conversions — du nominatif au porteur	»	0 25 p. 0/0	»	»
	du porteur au nominatif	1	0 25 p. 0/0	700 00	1 87
2	Obligations — Transferts	32	0 25 p. 0/0	915,500 00	2,389 63
	Obligations — conversions — du nominatif au porteur	5	0 25 p. 0/0	418,500 00	1,046 24
	du porteur au nominatif	1	0 25 p. 0/0	4,800 00	12 00
3	Taxe annuelle de transmission. Titres nominatifs et au porteur — Actions	48	0 10 p. 0/0	7,859,500 00	7,859 50
4	Obligations	81	0 10 p. 0/0	20,017,100 00	20,017 10
	2° Valeurs étrangères.				
5	Taxe annuelle de transmission. Titres nominatifs et au porteur — Actions	»	0 10 p. 0/0	»	»
6	Obligations	»	0 10 p. 0/0	»	»
	TOTAL. (Valeurs mobilières.)	276		30,136,300 00	35,783 00
	II. — CRÉANCES ET RENTES.				
7	Cessions de parts d'intérêts, autres que les actions dans les sociétés et compagnies	35	0 275 p. 0/0	1,269,700 00	3,491 74
8	Cessions et délégations de créances à terme	1,801	0 55 p. 0/0	6,068,500 00	36,670 91
9	Constitutions de rentes viagères	20	1 10 p. 0/0	120,000 00	1,339 79
10	Constitutions d'autres rentes	2	1 10 p. 0/0	1,007 00	11 00
11	Cessions et délégations de rentes ou pensions	2	1 10 p. 0/0	200 00	1 65
12	Cessions et délégations de rentes foncières antérieures à la loi du 11 brumaire an VII	»	1 925 p. 0/0	»	»
13	Transcriptions de titres notaires d'offices	»		»	»
	TOTAL. (Créances et rentes.)	1,863		8,060,300 00	41,511 12
	III. — FONDS DE COMMERCE.				
14	Ventes de fonds de commerce et de clientèle	1,679	1 10 p. 0/0	3,401,100 00	32,410 37
15	Marchandises neuves cédées avec les fonds de commerce et clientèle	168	0 235 p. 0/0	1,156,600 00	3,207 99
	TOTAL. (Fonds de commerce.)	1,877		4,557,700 00	40,618 36
	IV. — MEUBLES CORPORELS.				
16	Abandonnements pour fait d'assurance ou de prise maritime — en temps de paix	»	0 55 p. 0/0	»	»
17	en temps de guerre	»	0 275 p. 0/0	»	»
18	Ventes publiques de marchandises en gros	3	0 55 p. 0/0	200 00	1 20
19	Ventes publiques de marchandises neuves	»	2 75 p. 0/0	»	»
20	Ventes de meubles et marchandises par suite de faillite	253	0 275 p. 0/0	361,200 00	993 31
21	Ventes de marchandises avariées et de débris de navires naufragés	10	0 11 p. 0/0	26,700 00	27 24
22	Ventes totales ou partielles de navires à quelque titre que ce soit	202	1 00 fixe	»	310 87
23	Licitations et soultes de partages et de distributions de biens	9	1 10 p. 0/0	12,500 00	137 38
23 bis	Ventes d'objets mobiliers abandonnés chez les hôteliers	3	3 85 p. 0/0	300 00	13 00
24	Toutes autres ventes que celles ci-dessus mentionnées	14,057	1 10 p. 0/0	11,250,100 00	123,500 80
	TOTAL. (Meubles corporels.)	15,437		11,835,000 00	125,079 48
	TOTAL du § 1er (Biens meubles.)	19,423		54,509,300 00	240,989 96

Page 45

N°	DÉSIGNATION DES ACTES ET MUTATIONS SOUMIS AUX DROITS.	NOMBRE de transactions soumises aux droits.	QUOTITÉS des droits (décimes y compris s'il y a lieu).	VALEURS sur lesquelles les droits ont été assis.
	§ 2. *Biens immeubles et droits immobiliers.*			
	I. — BIENS SITUÉS EN FRANCE.			
	1° Échanges.			
25	Échanges d'immeubles ruraux — situés dans la même commune ou dans des communes limitrophes	10	0f 11 p. 0/0	9,600f 00
26	contigus	16	0 11 p. 0/0	37,800 00
27	Autres immeubles	267	1 925 p. 0/0	950,800 00
	TOTAL. (Échanges.)	293		998,200 00
	2° Ventes.			
28	Ventes de domaines de l'État	600	1 10 p. 0/0	723,400 00
29	Licitations et soultes de partages entre cohéritiers et copropriétaires et soultes de distributions de biens	657	2 20 p. 0/0	8,099,900 00
30	Résolutions de contrats de vente par jugements	28	2 20 p. 0/0	203,100 00
31	Échanges — Plus values	15	3 075 p. 0/0	6,000 00
32	Soultes	108	3 025 p. 0/0	508,500 00
33	Toutes autres ventes que celles déjà mentionnées	25,743	3 025 p. 0/0	60,836,100 00
34	Transmissions assujetties au droit proportionnel de transcription seul, hors de l'enregistrement, ou soumises à ce droit, lors de la transcription, par suite de présentation volontaire des actes à cette formalité	293	0 825 p. 0/0	3,125,400 00
	TOTAL. (Ventes.)	27,444		76,305,800 00
	TOTAL. (Biens situés en France.)	27,737		77,304,000 00
	II. — BIENS SITUÉS À L'ÉTRANGER ET DANS LES COLONIES FRANÇAISES.			
	Échanges et ventes.			
35	Échanges et ventes de biens situés à l'étranger et dans les colonies françaises	23	0 11 p. 0/0	178,400 00
	TOTAL du paragraphe 2. Biens immeubles et droits immobiliers. — I. Biens situés en France. — II. Biens situés à l'étranger	27,760		77,572,500 00
	TOTAL des mutations à titre onéreux	47,183		131,571,600 00

2°. — MUTATIONS À TITRE GRATUIT.

§ 1er. *Mutations entre vifs (Donations).*

N°	DÉSIGNATION DES ACTES ET MUTATIONS SOUMIS AUX DROITS.	NOMBRE de transactions soumises aux droits.	QUOTITÉS des droits (décimes y compris s'il y a lieu).	VALEURS sur lesquelles les droits ont été assis.
	I. — LIGNE DIRECTE.			
	Enfants légitimes.			
36	Meubles — Par contrat de mariage	179	0f 6875 p. 0/0	3,022,300 00
37	Hors contrat de mariage — sans partage	99	2 75 p. 0/0	185,900 00
38	avec partage	24	0 96 p. 0/0	557,300 00
39	Immeubles et droits immobiliers — Par contrat de mariage	18	1 5125 p. 0/0	522,700 00
40	Hors contrat de mariage — sans partage	210	2 19 p. 0/0	421,600 00
41	avec partage	61	0 825 p. 0/0	2,451,100 00
	Petits-enfants légitimes.			
42	Meubles — Par contrat de mariage	2	0 6875 p. 0/0	10,000 00
43	Hors contrat de mariage — sans partage	5	2 75 p. 0/0	200 00
44	avec partage	»	0 825 p. 0/0	»
45	Immeubles et droits immobiliers — Par contrat de mariage	2	1 5125 p. 0/0	1,800 00
46	Hors contrat de mariage — sans partage	29	1 20 p. 0/0	62,900 00
47	avec partage	»	0 825 p. 0/0	»
	Enfants naturels reconnus.			
48	Meubles — Par contrat de mariage	»	0 6875 p. 0/0	»
49	Hors contrat de mariage — sans partage	»	2 75 p. 0/0	»
50	avec partage	»	0 96 p. 0/0	»
51	Immeubles et droits immobiliers — Par contrat de mariage	»	1 5125 p. 0/0	»
52	Hors contrat de mariage — sans partage	5	2 20 p. 0/0	7,600 00
53	avec partage	1	0 825 p. 0/0	7,100 00
	TOTAL. (Ligne directe.)	635		7,378,000 00

ÉTAT G.   Suite du *Développement, par nature d'actes, de jugements et de mutations, des droits d'enregistrement constatés pour l'exercice 1901.*   ÉTAT G.

Page 46

DÉSIGNATION DES ACTES ET MUTATIONS SOUMIS AUX DROITS.	NOMBRE de DISPOSITIONS soumises aux droits.	QUOTITÉS DES DROITS (décimes y compris s'il y a lieu).	VALEURS sur lesquelles LES DROITS ont été assis.	MONTANT des DROITS CONSTATÉS (Décimes compris.)
II. — ENTRE ÉPOUX.				
Entre époux — Meubles — Par contrat de mariage	2	6 825 p. 0/0.	4,566 00	37 46
Meubles — Hors contrat de mariage	6	1 65 p. 0/0.	22,700 00	375 37
Immeubles et droits immobiliers — Par contrat de mariage	3	1 65 p. 0/0.	12,900 00	212 52
Immeubles et droits immobiliers — Hors contrat de mariage	52	2 475 p. 0/0.	10,800 00	390 82
Total (Entre époux)	63		55,900 00	1,010 17
III. — LIGNE COLLATÉRALE.				
Entre frères et sœurs — Meubles — Par contrat de mariage	7	2 475 p. 0/0.	3,000 00	88 01
Meubles — Hors contrat de mariage	19	3 575 p. 0/0.	6,500 00	231 34
Immeubles et droits immobiliers — Par contrat de mariage	3	2 075 p. 0/0.	600 00	14 01
Immeubles et droits immobiliers — Hors contrat de mariage	103	3 575 p. 0/0.	90,000 00	3,374 58
Entre oncles ou tantes et neveux ou nièces — Meubles — Par contrat de mariage	2	2 475 p. 0/0.	10,000 00	251 36
Meubles — Hors contrat de mariage	30	3 575 p. 0/0.	»	732 15
Immeubles et droits immobiliers — Par contrat de mariage	»	2 475 p. 0/0.	»	»
Immeubles et droits immobiliers — Hors contrat de mariage	67	3 575 p. 0/0.	29,200 00	780 08
Entre grand-oncles, grand'tantes, petits-neveux ou petites nièces — Meubles — Par contrat de mariage	»	2 75 p. 0/0.	»	»
Meubles — Hors contrat de mariage	»	3 85 p. 0/0.	»	»
Immeubles et droits immobiliers — Par contrat de mariage	»	2 75 p. 0/0.	»	»
Immeubles et droits immobiliers — Hors contrat de mariage	9	3 85 p. 0/0.	67,500 00	2,589 10
Entre cousins germains — Meubles — Par contrat de mariage	»	2 75 p. 0/0.	»	»
Meubles — Hors contrat de mariage	1	3 85 p. 0/0.	200 00	8 18
Immeubles et droits immobiliers — Par contrat de mariage	»	2 75 p. 0/0.	»	»
Immeubles et droits immobiliers — Hors contrat de mariage	16	3 85 p. 0/0.	7,200 00	276 85
Entre parents aux 5e et 6e degrés — Meubles — Par contrat de mariage	1	3 025 p. 0/0.	1,500 00	45 37
Meubles — Hors contrat de mariage	»	4 40 p. 0/0.	»	»
Immeubles et droits immobiliers — Par contrat de mariage	1	3 025 p. 0/0.	10,000 00	302 50
Immeubles et droits immobiliers — Hors contrat de mariage	7	4 40 p. 0/0.	1,000 00	60 52
Entre parents du 7e au 12e degré — Meubles — Par contrat de mariage	»	3 025 p. 0/0.	»	»
Meubles — Hors contrat de mariage	»	4 40 p. 0/0.	»	»
Immeubles et droits immobiliers — Par contrat de mariage	1	3 025 p. 0/0.	10,000 00	1,318 00
Immeubles et droits immobiliers — Hors contrat de mariage	1	4 40 p. 0/0.	460 00	14 85
Total (Ligne collatérale)	265		209,200 00	10,178 40
IV. — ENTRE PERSONNES NON PARENTES.				
Pauvres, communes, établissements publics ou d'utilité publique — Meubles	2	4 95 p. 0/0.	200 00	8 01
Immeubles et droits mobiliers	9	4 95 p. 0/0.	15,900 00	700 86
Autres personnes non parentes — Meubles — Par contrat de mariage	13	8 30 p. 0/0.	59,500 00	1,062 18
Meubles — Hors contrat de mariage	41	4 95 p. 0/0.	58,100 00	2,873 27
Immeubles et droits immobiliers — Par contrat de mariage	1	3 30 p. 0/0.	15,000 00	696 00
Immeubles et droits immobiliers — Hors contrat de mariage	190	4 95 p. 0/0.	166,500 00	8,343 99
Total (Entre personnes non parentes)	256		315,200 00	14,373 43
Total (Donation de toutes catégories)	1,217		7,916,300 00	94,180 89
Total	45,400		139,882,000 00	2,482,061 46

Page 47

DROITS SUR LES AUTRES CONVENTIONS ET ACTES CIVILS, ADMINISTRATIFS ET DE L'ÉTAT CIVIL.

§ 1er. — *Droits d'enregistrement.*

I. — DROITS PROPORTIONNELS.

Numéros des articles.	DÉSIGNATION DES ACTES ET MUTATIONS SOUMIS AUX DROITS	NOMBRE de DISPOSITIONS soumises aux droits.	QUOTITÉS DES DROITS (décimes y compris s'il y a lieu).	VALEURS sur lesquelles LES DROITS ont été assis.	MONTANT des DROITS CONSTATÉS (Décimes compris.)
	1. — ADJUDICATION AU RABAIS ET MARCHÉS.				
108	Marchés dont le prix est payé directement par l'État	2,938	0 11 p. 0/0.	25,080,500 00	27,588 54
109	Marchés des départements, des communes et des établissements publics	2,478	0 55 p. 0/0.	9,665,100 00	53,158 30
110	Marchés entre particuliers autres que ceux de fournitures	2,509	0 55 p. 0/0.	3,095,300 00	17,026 20
111	Traités et marchés, réputés actes de commerce	787	1 60 p. 0/0.	71,500 00	1,170 19
	Total. (Adjudications au rabais et marchés)	8,719		37,912,400 00	98,960 28
	2. — ASSURANCES.				
112, 113	Assurances contre l'incendie — Biens en France	7	10 00 p. 0/0.	15,700 00	1,976 84
	Biens en Algérie	7	4 40 p. 0/0.	66,900 00	3,704 87
	Ensemble	14		78,300 00	4,375 71
114	Assurances sur la vie	8	Diverses quotités	»	401 23
115	Accidents corporels	973	Diverses quotités	»	4,119 05
116	Assurances contre les accidents — Chevaux et voitures	14	Diverses quotités	»	39 93
117	Grêle, gelée et autres risques agricoles	17	Diverses quotités	»	74 58
118	Autres accidents		Diverses quotités		
119, 120	Assurances maritimes	2,536	0 25 p. 0/0.	972,800 00	2,673 12
	Total. (Assurances)	3,562		1,050,300 00	11,683 62
	3. — BAUX ET ANTICHRÈSES.				
121	Baux et locations — Meubles — Baux dont la durée est indéterminée	44	1 10 p. 0/0.	42,000 00	462 07
122	Baux dont la durée est limitée	2,317	0 11 p. 0/0.	1,077,800 00	1,856 99
123	Baux à vie ou dont la durée est indéterminée	»	2 20 p. 0/0.	2,600 00	56 00
124	Immeubles — Baux dont la durée est limitée	23,049	0 11 p. 0/0.	56,403,600 00	62,043 96
125	Locations verbales dont la durée est limitée	83	0 11 p. 0/0.	41,000 00	48 07
125 bis	Concessions dans les cimetières — Perpétuelles	952	2 20 p. 0/0.	161,100 00	3,544 78
125 ter	Temporaires	641	0 11 p. 0/0.	132,700 00	146 01
126	Nantissements et mobiliers	3	Diverses quotités	»	»
127	Antichrèses ou engagements d'immeubles	2,020	1 10 p. 0/0.	682,000 00	7,502 93
	Total. (Baux et antichrèses)	28,085		59,143,700 00	75,648 51
	4. — CAUTIONNEMENTS.				
128	Cautionnements de sommes et objets mobiliers, garanties mobilières et indemnités de même nature	2,477	0 275 p. 0/0.	6,544,300 00	18,271 80
129	Cautionnements de personnes à l'exception de justice	3	0 275 p. 0/0.	7,300 00	20 05
130	Cautionnements des comptables envers l'État	»	1 375 p. 0/0.	3,200 00	4 49
131	Cautionnements en numéraire des conservateurs des hypothèques	1	1 65 p. 0/0.	200 00	3 30
132	Cautionnements des baux à ferme ou à loyer, de pâturages et autres	3,074	0 055 p. 0/0.	6,194,700 00	3,407 08
133	Cautionnements de marchés avec l'État	161	0 11 p. 0/0.	662,900 00	1,592 10
	Total. (Cautionnements)	5,717		13,842,600 00	22,796 86

ÉTAT C.   Suite du *Développement, par nature d'actes, de jugements et de mutations, des droits d'enregistrement constatés, pour l'exercice 1901.*   ÉTAT C.

Numéros des articles	DÉSIGNATION DES ACTES ET JUGEMENTS SOUMIS AUX DROITS	NOMBRE de propositions soumises aux droits	QUOTITÉS des droits (Décimes y compris s'il y a lieu.)	VALEURS sur lesquelles les droits ont été assis	MONTANT des droits constatés (Décime compris.)
	6° Contrats de mariage.				
134	Contrats sans constatation d'apports	52	2f 75 p. 0/0	40,100 00	1,104 72
135	Contrats avec constatation d'apports	467	0 11 p. 0/0	11,451,100 00	12,596 24
	Total. (Contrats de mariage.)	519		11,491,200 00	13,700 96
	6° Délivrances de legs.				
136	Tous actes portant délivrances de legs	190	0 11 p. 0/0	1,456,600 00	1,602 31
	7° Libérations.				
137	Quittances de sommes et valeurs, remboursements et retraits de réméré	10,918	0 275 p. 0/0	35,657,100 00	98,046 87
	8° Mainlevées d'hypothèques.				
138	Mainlevées portant réduction du gage	837	2 75 p. 0/0	84,400 00	2,324 60
139	Toutes autres mainlevées	2,883	0 11 p. 0/0	17,772,300 00	19,549 48
	Total. (Mainlevées.)	3,710		17,856,700 00	21,874 13
	9° Obligations.				
140	Actes de prêts sur dépôts ou consignations de marchandises, fonds publics français et actions des compagnies d'industrie et de finances. (Loi du 5 septembre 1830.)	3	1 65 p. 0/0	300 00	4 09
141	Atermoiements autres que ceux consentis après faillite déclarée	6	0 275 p. 0/0	62,800 00	172 03
142	Billets à ordre, warrants, lettres de change	94,290	0 275 p. 0/0	32,270,100 00	88,769 47
143	Ouvertures de crédit	374	0 275 p. 0/0	4,868,100 00	13,387 25
144	Réalisations de crédit	252	0 275 p. 0/0	6,479,200 00	17,818 93
145	Obligations de sommes, arrêtés de compte, dépôts de sommes chez les particuliers, transactions contenant obligations de sommes et billets simples — avec garantie hypothécaire	8,701	0 55 p. 0/0	34,089,300 00	187,471 94
146	— sans garantie hypothécaire	6,679	0 05 p. 0/0	7,835,000 00	43,092 87
147	Obligations à la grosse aventure ou pour retour de voyage	475	0 275 p. 0/0	27,000 00	74 30
148	Obligations ou lettres de gage du Crédit foncier de France	»	0 0825 p. 0/0	»	»
149	Contrats renfermant la constitution d'une hypothèque maritime	»	0 005 p. 0/0	»	»
	l'ensemble	110,639		85,657,800 00	350,782 22
150	Prorogations de délai	851	0 11 p. 0/0	8,205,100 00	9,025 63
151	Titres nouvels	14	0 11 p. 0/0	206,300 00	229 52
	Total. (Obligations.)	111,704		94,051,700 00	340,037 37

Numéros des articles	DÉSIGNATION DES ACTES ET JUGEMENTS SOUMIS AUX DROITS	NOMBRE de propositions soumises aux droits	QUOTITÉS des droits (Décimes y compris s'il y a lieu.)	VALEURS sur lesquelles les droits ont été assis	MONTANT
	10° Partages.				
152	Tous actes portant partage	595	0f 0825 p. 0/0	17,848,000 00	
	11° Sociétés.				
153	Actes de formation ou de modification	398	0 11 p. 0/0	14,108,300 00	
154	Actes de prorogation	14	0 11 p. 0/0	2,214,800 00	
155	Actes de dissolution	58	4 125 p. 0/0	6,500 00	
	Total. (Sociétés.)	470		16,329,600 00	
	Total. (Contrats et actes assujettis à des droits proportionnels.)	174,135		»	
	B. — DROITS FIXES.				
156	Actes civils	59,637	Diverses quotités.	»	
157	Actes administratifs	1,435	Diverses quotités.	»	
158	Actes de l'état civil	415	Diverses quotités.	»	
	Total	61,487		»	
	Total du paragraphe 1er. (Droits d'enregistrement sur les conventions et actes civils, administratifs et de l'état civil)	235,642		»	
	§ 2. — DROITS DE TRANSCRIPTION. (DROIT PROPORTIONNEL.)				
159	Conventions et actes civils et administratifs assujettis au droit proportionnel de transcription	240	0 825 p. 0/0	2,504,800 00	
	Total des droits sur les conventions et actes civils, administratifs et de l'état civil. — § 1 et 2	235,882		»	

Suite du *Développement, par nature d'actes, de jugements et de ... mutations, des droits d'enregistrement constatés pour l'année 190?.*

Page 50

N°	DÉSIGNATION des actes et jugements soumis aux droits.	NOMBRE de dispositions soumises aux droits.	QUOTITÉS des droits. (Décimes y compris s'il y a lieu.)	VALEURS sur lesquelles les droits ont été assis.	MONTANT des droits constatés. (Décime compris.)
	DROITS SUR LES ACTES JUDICIAIRES ET EXTRAJUDICIAIRES.				
	1° ACTES JUDICIAIRES.				
	§ 1er. — DROITS D'ENREGISTREMENT.				
	1. — Droits proportionnels sur les arrêts, jugements et sentences.				
	1° Justices de paix.				
	Jugements portant condamnations ou liquidations de sommes ou de valeurs mobilières...	8,602	0f 55c p. 0/0.	2,872,908f 00c	15,800f 79c
	Jugements prononçant des dommages-intérêts en matière civile...	1,303	1 10 p. 0/0.	148,100 00	1,629 62
	Ensemble...	9,905		3,021,800 00	17,430 41
	2° Conseils des prud'hommes.				
	Jugements portant condamnations ou liquidations de sommes ou de valeurs mobilières...	1	0 55 p. 0/0.	100 00	0 88
	Jugements prononçant des dommages-intérêts en matière civile...	2	1 10 p. 0/0.	200 00	2 20
	Ensemble...	3		300 00	3 06
	3° Tribunaux de police ordinaire, de police correctionnelle et cours criminelles.				
	Jugements portant condamnation ou liquidation de sommes ou de valeurs mobilières...	26	0 275 p. 0/0.	29,500 00	81 09
	Jugements prononçant des dommages-intérêts { Police ordinaire...	33	1 10 p. 0/0.	4,200 00	46 75
	{ Police correctionnelle et cours criminelles...	245	1 65 p. 0/0.	60,800 00	1,003 03
	Ensemble...	304		94,500 00	1,130 87
	4° Tribunaux de première instance, de commerce et d'arbitrage.				
165	Jugements prononçant l'homologation de liquidations ou de partages; sentences arbitrales ayant le même objet...	129	0 1375 p. 0/0.	5,788,400 00	7,008 47
166	Jugements et procès-verbaux portant adjudications de meubles ou d'immeubles, devant un tribunal...	803	0 1375 p. 0/0.	16,141,800 00	22,195 02
167	Jugements et procès-verbaux portant adjudications de meubles ou d'immeubles devant un notaire commis...	207	0 1375 p. 0/0.	2,478,400 00	3,407 79
168	Décisions confirmant sur appel un jugement rendu en premier ressort...	3	0 275 p. 0/0.	2,900 00	8 09
169	Décisions infirmatives ou jugements de débouté...	1	0 275 p. 0/0.	3,400 00	9 39
170	Jugements et sentences arbitrales rendus en matière commerciale, portant condamnations ou liquidations de sommes et de valeurs mobilières...	3,129	0 6875 p. 0/0.	5,867,500 00	40,338 84
171	Jugements et sentences d'arbitres rendus en matière civile, portant condamnations ou liquidations de sommes ou valeurs mobilières...	4,365	1 10 p. 0/0.	4,890,000 00	53,790 60
172	Jugements et sentences d'arbitres prononçant des dommages-intérêts en matière commerciale...	1,300	1 65 p. 0/0.	369,800 00	6,101 71
173	Jugements et sentences d'arbitres prononçant des dommages-intérêts en matière civile...	708	1 65 p. 0/0.	615,400 00	10,153 46
	Ensemble...	19,644		36,158,000 00	145,965 21

Page 51

N°	DÉSIGNATION des actes et jugements soumis aux droits.	NOMBRE de dispositions soumises aux droits.	QUOTITÉS des droits. (Décimes y compris s'il y a lieu.)	VALEURS sur lesquelles les droits ont été assis.	MONTANT des droits constatés. (Décime compris.)
	5° Cours d'appel.				
174	Arrêts prononçant l'homologation de liquidations ou de partages; sentences arbitrales ayant le même objet...	»	0f 1375c p. 0/0	»	»
175	Décisions confirmant sur appel un jugement rendu en premier ressort...	305	0 275 p. 0/0	1,042,700f 00c	5,342f 54c
176	Décisions confirmatives de jugement de débouté...	20	0 275 p. 0/0	68,300 00	187 70
177	Arrêts rendus en matière commerciale portant condamnation de sommes ou de valeurs mobilières...	61	0 6875 p. 0/0	75,600 00	520 04
178	Arrêts rendus en matière civile, portant condamnation de sommes ou valeurs mobilières...	42	1 10 p. 0/0	105,500 00	2,150 94
179	Arrêts prononçant des dommages-intérêts en matière commerciale...	19	1 65 p. 0/0	11,900 00	184 47
180	Arrêts prononçant des dommages-intérêts en matière civile...	43	1 65 p. 0/0	73,000 00	3,295 10
	Ensemble...	284		2,366,300 00	9,598 01
	6° Ordres et collocations.				
181	Répartitions aux créanciers en matière de faillite...	107	0 1375 p. 0/0	470,100 00	646 37
182	Répartitions aux créanciers en matière de liquidation judiciaire...	49	0 1375 p. 0/0	21,500 00	296 51
183	Procès-verbaux d'ordres amiables...	294	0 4125 p. 0/0	4,230,200 00	17,449 38
184	Procès-verbaux d'ordres et de contributions judiciaires, distributions de prix réglés à l'audience...	423	0 825 p. 0/0	2,954,600 00	24,350 83
	Ensemble...	873		7,673,400 00	42,743 07
	Total. (Droits proportionnels sur les arrêts, jugements, etc.)...	25,913		49,204,100 00	214,603 46

ÉTAT C. Suite du *Développement, par nature d'actes, de jugements et de* [mutations, des droits d'enregistrement constatés pour l'exercice 1901.]

N°	DÉSIGNATION DES ACTES ET MUTATIONS SOUMIS AUX DROITS.	NOMBRE des impositions acquittées aux droits.	QUOTITÉS DES DROITS (Décime y compris s'il y a lieu.)	MONTANT des droits constatés (Décimes compris.)
	D. — DROIT MINIMA SUR LES MÊMES ACTES.			
	1° Justice de paix.			
186	Procès-verbaux de conciliation ou de non-conciliation et jugements civils	12,010	0' 665' p. 0/0.	7,120' 28'
	2° Conseils de prud'hommes.			
186 bis	Jugements	18	0 95 p. 0/0.	14 58
	3° Tribunal de police ordinaire, de police correctionnelle et cours criminelles.			
187	Jugements portant condamnation ou liquidation de sommes ou de valeurs mobilières ou prononçant des dommages-intérêts	1,577	0 825 p. 0/0.	1,302 54
	4° Tribunaux de 1re instance, de commerce ou d'arbitrage.			
188	Jugements interlocutoires ou préparatoires	6,381	2 475 p. 0/0.	15,837 12
189	Jugements définitifs, rendus en matière commerciale, en premier ou en dernier ressort	5,693	2 75 p. 0/0.	15,678 00
190	Jugements définitifs, rendus en matière civile, en premier ou en dernier ressort	2,723	3 85 p. 0/0.	11,190 85
191	Jugements portant débouté de demande, en matière commerciale, en premier ou en dernier ressort	447	5 30 p. 0/0.	2,353 04
192	Jugements portant débouté, en matière civile, en premier ou en dernier ressort	643	12 50 p. 0/0.	9,273 00
193	Jugements portant interdiction	6	12 375 p. 0/0.	74 26
194	Jugements portant séparation de biens ou séparation de corps	50	12 375 p. 0/0.	058 38
195	Jugements déclarant qu'il y a lieu à adoption	1	41 25 p. 0/0.	41 25
196	Jugements prononçant divorce	56	41 25 p. 0/0.	2,310 00
	Ensemble	30,414		65,929 30
	5° Cours d'appel.			
197	Arrêts interlocutoires ou préparatoires	123	4 125 p. 0/0.	507 09
198	Arrêts définitifs	388	13 75 p. 0/0.	5,335 00
199	Arrêts portant débouté de demande en matière commerciale	33	16 50 p. 0/0.	544 50
200	Arrêts portant débouté de demande en matière civile	201	16 50 p. 0/0.	3,310 50
201	Arrêts portant interdiction	»	20 625 p. 0/0.	»
202	Arrêts portant séparation de biens ou séparation de corps	»	20 625 p. 0/0.	»
203	Arrêts confirmant adoption	1	41 25 p. 0/0.	82 50
204	Arrêts prononçant divorce	11	82 50 p. 0/0.	907 50
	Ensemble	757		10,693 00
	Total	31,171		76,623 20
	Rappel des droits proportionnels	22,013		214,863 40
	Total. (Droits sur les arrêts, jugements, etc.)	53,184		201,486 79
	III. — DROITS FIXES SUR LES ACTES JUDICIAIRES AUTRES QUE LES ARRÊTS ET JUGEMENTS.			
205	Actes divers assujettis à ces droits	47,316	*Diverses quotités.*	64,482 85
	§ 2. — Droits et frais de greffe.			
206	Droits de mise au rôle, de rédaction, d'expédition, etc.	293	*Diverses quotités.*	4,111 48
	Total. (Actes judiciaires.)	100,593		360,081 98
	2°. — ACTES EXTRAJUDICIAIRES.			
207	Actes divers assujettis aux droits fixes d'enregistrement	246,316		200,650 01
	Total des droits sur actes judiciaires et extrajudiciaires	347,209		560,731 00

[mutations], des droits d'enregistrement constatés pour l'exercice 1901. ÉTAT C.

N°	DÉSIGNATION DES ACTES ET MUTATIONS SOUMIS AUX DROITS.	QUOTITÉS DES DROITS.	VALEURS sur lesquelles les droits ont été dus.	MONTANT des droits (Décimes compris.)
	4° SECTION. — DROITS SUR LES FORMALITÉS HYPOTHÉCAIRES.			
	1°. — TRANSCRIPTIONS.			
216-1	Transcription d'actes autres que ceux ci-après	0 125 p. 0/0	125,425,500' 00'	156,2
216-2	Transcription d'actes visés par l'article 10 de la loi du 23 mars 1855	0 0625 p. 0/0	1,596,200 00	1,0
216-3	Transcription d'actes portant partage anticipé (art. 1075-1076 du Code civil)	0 0625 p. 0/0	4,500,600 00	2,8
	Total	»	131,612,300 00	160,0
	2°. — FORMALITÉS D'INSCRIPTION.			
217-1	Inscription de tous privilèges et hypothèques autres que ceux ci-après	0 125 p. 0/0	133,384,400 00	167,2
217-2	Inscription d'hypothèques prises en vertu d'actes portant ouverture de crédits non réalisés	0 125 p. 0/0	3,494,000 00	4,0
217-3	Dépôt complémentaire exigible par suite de la réalisation de crédits ouverts mais non réalisés au moment de la formalité de l'inscription	0 0625 p. 0/0	1,042,800 00	0,0
217-4	Mutations à la marge. { Subrogations	0 05 p. 0/0	10,892,500 00	9,0
217-5	Mutations à la marge. { Radiations { Partielles	0 05 p. 0/0	37,909,000 00	18,0
217-6	Mutations à la marge. { Radiations { Totales	0 05 p. 0/0	78,121,000 00	39,0
	Total	»	273,005,500 00	239,0
	Total de la 4° Section. (Hypothèques.)	»	604,617,800 00	400,0
	5° SECTION. — PÉNALITÉS.			
	1°. — DROITS ET DEMI-DROITS EN SUS.			
210	Mutations à titre onéreux. { Meubles... { Valeurs mobilières		»	»
211	Mutations à titre onéreux. { Meubles... { Créances, rentes et prix d'offices		»	»
212	Mutations à titre onéreux. { Meubles... { Fonds de commerce		»	»
213	Mutations à titre onéreux. { Meubles... { Meubles corporels		»	»
	Ensemble		»	3,0
	Immeubles et droits immobiliers		»	11,0
	Total		»	14,0
214	Mutations à titre gratuit. { Entre vifs. (Donations.)		»	1,0
215	Mutations à titre gratuit. { Par décès. (Successions.)		»	
216			»	
217	Accroissements. (Taxe annuelle et droits arriérés.)		»	
	Total. (Mutations.)		»	16,0
218	Autres conventions et actes civils, administratifs et de l'état civil		»	3,0
219	Actes judiciaires et extra-judiciaires		»	10,0
220	Hypothèques		»	
	Total des droits et demi-droits en sus		»	31,0
	2°. — AMENDES.			
221	Amendes. { de consignation		»	17,0
222	Amendes. { de condamnation		»	
223	Amendes. { de contravention { concernant l'enregistrement		»	10,0
224	Amendes. { de contravention { concernant les poids et mesures		»	
	Total des amendes		»	25,0
	Rappel des droits et demi-droits en sus		»	31,0
	Total de la 5° Section. (Pénalités.)		»	56,0

C.

Suite du *Développement, par nature d'actes, de jugements et de mutations,* des droits d'enregistrement constatés pour l'exercice 1901.

ÉTAT C.

DÉSIGNATION DES ACTES ET MUTATIONS SOUMIS AUX DROITS.	MONTANT des DROITS CONSTATÉS. (Décimes compris.)
RECETTES DIVERSES.	
Droits simples, en sus et amendes de toute nature à d'anciens tarifs, suppléments de droits non susceptibles de classement...	20,337 74
Droits de toute nature sur des actes passés dans les colonies ou l'Algérie...........	4 56
Droits de sceau attribués au Trésor............	
Recouvrements de frais de justice............	44,744 11
Recouvrements de frais de poursuites et d'instances............	176 69
Total des Recettes diverses............	65,263 90

DÉSIGNATION DES ACTES ET MUTATIONS SOUMIS AUX DROITS.	MONTANT des DROITS CONSTATÉS. (Décimes compris.)
RÉCAPITULATION.	
1re Section. — Droits sur les mutations............	2,462,051 46
2e Section. — Droits sur les autres conventions et actes civils, administratifs et de l'état civil............	868,155 90
3e Section. — Droits sur les actes judiciaires et extrajudiciaires............	560,731 69
4e Section. — Droits d'hypothèques............	400,515 45
5e Section. — Pénalités............	55,601 38
6e Section. — Recettes diverses............	65,263 90
Total général des Produits de l'Enregistrement constatés sur l'exercice 1901............	4,412,428 89

DÉSIGNATION DES DROITS ET PRODUITS	DROITS CONSTATÉS			Recouvrements pendant l'exercice 1901	RESTES À RECOUVRER REPORTÉS À L'EXERCICE 1902			OBSERVATIONS
	Droits constatés pendant l'exercice 1901	des droits et produits constatés admis en non-valeurs	en droits et produits à recouvrer pour l'exercice 1901		Droits et produits constatés mis à la charge des comptables	Droits et produits constatés à recouvrer sur les débiteurs	TOTAL	
3° — PRODUITS DU TIMBRE								
Actes et écrits assujettis au timbre de dimension	2.092.471 15	»	2.092.471 15	2.092.471 15	»	»	»	
Affiches	43.817 00	»	43.817 00	43.817 00	»	»	»	
Bordereaux des courtiers et agents de change	»	»	»	»	»	»	»	
Contrats d'assurances	3.075 87	»	3.075 87	3.075 87	»	»	»	
Contrats de transports	634.388 00	»	634.388 00	634.388 00	»	»	»	
Contrôle de marques de fabrique	»	»	»	»	»	»	»	
Passeports	1.241 80	»	[illegible]	[illegible]	»	»	»	
Permis de chasse	102.735 00	»	102.735 [illegible]	[illegible]	»	»	»	
Quittances et décharges	246.815 46	»	246.815 [illegible]	[illegible]	»	»	»	
Total de la 1re Section	3.508.851 80	»	3.508.851 80	[illegible]	»	»	»	
Effets négociables et non négociables — Warrants, etc.	495.752 80	»	495.752 [illegible]	[illegible]	»	»	»	
Billets de la banque d'Algérie	34.218 04	»	34.218 [illegible]	[illegible]	»	»	»	
Totaux	530.031 71	»	530.68[illegible]	[illegible]	»	»	»	(1) Par virement
Valeurs mobilières — Valeurs françaises	62.610 18	»	78.110 [illegible]	[illegible]	»	»	»	
Valeurs étrangères	1.050 92	»	[illegible]	[illegible]	»	»	»	
Totaux	84.070 10	»	84.0[illegible]	[illegible]	»	»	»	
Total de la 2e Section	693.051 81	»	693.05[illegible]	[illegible]	»	»	»	
Amendes de contravention	25.833 60	»	25.833 [illegible]	[illegible]	»	»	»	
Droits de toute nature et d'enregistrement	55.96	»	[illegible]	[illegible]	»	»	»	
Totaux des produits du timbre	4.188.807 17	»	4.188.80[illegible]	[illegible]	»	»	»	

Développement, par département, des recouvrements effectués sur le timbre, pendant l'exercice 1901.

DÉSIGNATION DES PRODUITS.	ALGER.	CONSTANTINE.	ORAN.	VIREMENTS		TOTAUX des droits de timbre.	OBSERVATIONS.
				À ouvrir.	À réduire.		
3e Produits du timbre.							
...proportionnel (dimension et fixe)	1,580,077 37	925,283 90	822,10 [illegible]	»	»	3,508,361 80	
...roportionnel	351,506 17	140,450 89	168,665 [illegible]	34,312 95	»	595,051 84	
[illegible]	16,013 54	5,472 [illegible]	3,867 [illegible]	[illegible]	»	25,353 39	
[illegible]	4 04	55 10	»	»	»	59 14	
Totaux	1,825,001 32	1,071,283 47	[illegible]	34,312 95	»	4,188,807 17	

ÉTAT C.

Développement des droits de timbre constatés pour l'exercice 1901.

TIMBRE NON PROPORTIONNEL.
(Dimension et fixe.)

Numéros des articles.	Désignation des produits.	Quotité des droits.	Montant des droits constatés. (Décimes compris.)
1	Actes soumis au timbre de dimension. — Papiers de la débite		1.459,376 40
2	Timbre mobile		537,498 00
3	Timbre à l'extraordinaire et visa pour timbre		93,596 75
	Total (Droits de timbre de dimension)		2,092 471 15
4	Affiches — Affiches sur papier — Timbre mobile		36,889 80
5	Timbre à l'extraordinaire et visa pour timbre		5,020 80
	Total		41,910 60
6	Affiches peintes		1,907 00
	Total (Droits sur les affiches)		43,817 60
7	Bordereaux des courtiers de commerce et agents de change	0f60 et 1f80 fixe	»
8	Polices d'assurances sur la vie — Abonnement obligatoire	2f40 p. 0/0	485 31
9	Au comptant	Dimension	»
10	Polices d'assurances contre l'incendie — Abonnement obligatoire — Assurances à primes fixes	0 04 p. 0/00	1,539 40
11	Assurances mutuelles	0 03 p. 0/00	»
12	Caisses départementales	1 20 p. 0/0	»
13	Au comptant	Dimension	177 00
14	Polices d'assurances contre les accidents — Accidents corporels — Abonnement facultatif	2 40 p. 0/00	»
15	Au comptant	Dimension	»
16	Autres accidents — Grêle, gelée et autres risques agricoles — Abonnement facultatif	0 036 p. 0/00	»
17	Au comptant	Dimension	»
18	Chevaux et voitures (au comptant)	Idem.	56 40
19	Divers (au comptant)	Idem.	34 80
20	Polices d'assurances maritimes (au comptant)	Idem.	781 80
	Total (Droits sur les contrats d'assurances)		3,075 37

Numéros des articles.	Désignation des actes et mutations soumis aux droits.	Quotité des droits.
21	Contrats de transports. — Transports terrestres (voies de terre, fleuves et canaux). — Chemins de fer. — Récépissés. — Colis postaux. — Timbre mobile	0f 10c fixe.
22	Timbre à l'extraordinaire	0 10 fixe.
23	Autres. — Timbre mobile	0 35 fixe.
24	Timbre à l'extraordinaire	0 35 fixe.
25	Autres modes de perception	0 35 fixe.
26	Lettres de voiture. — Timbre mobile	0 70 fixe.
27	Timbre à l'extraordinaire	0 70 fixe.
28	Autres modes de perception	0 70 fixe.
29	Total (Chemins de fer)	
	Routes, fleuves et canaux. — Lettres de voiture ordinaires	Diverses quotités.
30	Tramways. — Récépissés. — Timbre à l'extraordinaire	0 10 fixe.
	Total (Transports terrestres)	
31	Transports maritimes. — Connaissements — Timbre mobile	0f60 – 1f20 – 2f40
32	Timbre à l'extraordinaire	Idem.
	Total (Transports maritimes)	
	Total (Droits sur les contrats de transports)	
33	Contrôle des marques de fabrique	»
34	Passeports. — à l'intérieur	0 60 fixe.
35	à l'étranger	0 60 fixe.
	Total (Passeports)	
36	Permis de chasse	18 00 fixe.

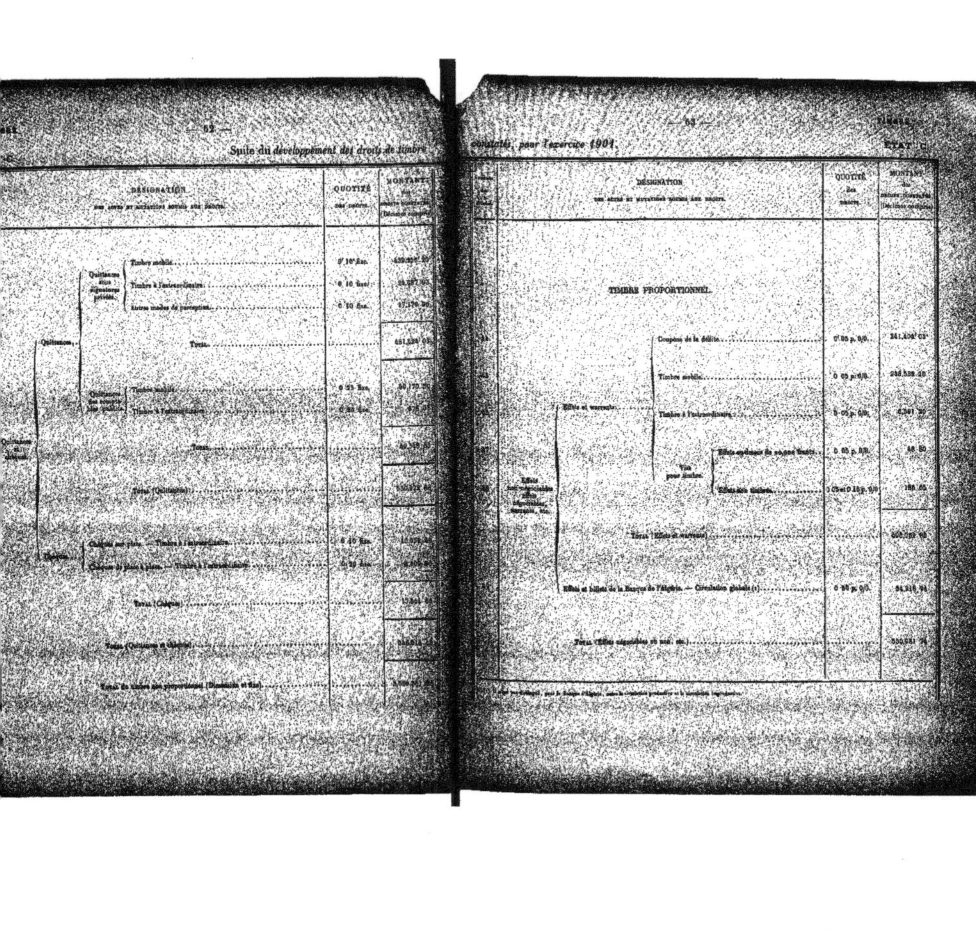

Page de gauche :

DÉSIGNATION des actes et mutations soumis aux droits.	QUOTITÉ des droits.	MONTANT des droits constatés (Décimes compris)
Quittances sous signatures privées — Timbre mobile	0f 10c fixe.	639,395 20
Quittances sous signatures privées — Timbre à l'extraordinaire	0 10 fixe.	44,927 05
Quittances sous signatures privées — Autres modes de perception	0 10 fixe.	47,178 30
Total		461,523 05
Quittances — Timbre mobile	0 25 fixe.	44,173 [illegible]
Quittances — Timbre à l'extraordinaire	0 25 fixe.	[illegible]
Total		[illegible]
Total (Quittances)		[illegible]
Chèques — Timbre à l'extraordinaire	0 10 fixe.	10,075 [illegible]
Chèques de place à place — Timbre à l'extraordinaire	0 10 fixe.	[illegible]
Total (Chèques)		[illegible]
Total (Quittances et chèques)		[illegible]
Total du timbre que proportionnel (Dimension et fixe)		[illegible]

Page de droite :

TIMBRE PROPORTIONNEL.

DÉSIGNATION des actes et mutations soumis aux droits.	QUOTITÉ des droits.	MONTANT des droits constatés (Décimes compris)
Coupons de la débite	0f 05 p. 0/0.	241,408f 03
Timbre mobile	0 05 p. 0/0.	248,532 10
Effets et warrants — Timbre à l'extraordinaire	0 05 p. 0/0.	6,361 20
Visa pour timbre — Effets ordinaires de 20,000 francs	0 05 p. 0/0.	48 50
Visa pour timbre — Effets non timbrés	0 05 et 0 15 p. 0/0	189 65
Total (Effets et warrants)		600,769 90
Effets et billets de la Banque de l'Algérie. — Circulation globale (1)	0 50 p. 0/0.	34,216 91
Total (Effets négociables ou non, etc.)		530,981 74

ÉTAT C.

Suite du *développement des droits de Timbre* constatés, pour l'exercice 1901.

Numéros des articles.	Désignation des actes et mutations soumis aux droits.			Quotités des droits.	Montant des droits constatés. (Décimes compris)
	Valeurs mobilières. — Valeurs françaises.				
51	Actions des sociétés	Au comptant		0f60 et 1 50 p. 0/0.	67f 20c
52		Abonnement		0 06 p. 0/0.	47,020 80
	Total (Actions)				47,697 00
53	Obligations négociables des sociétés, compagnies, départements, communes et établissements publics	Au comptant		1 20 p. 0/0.	»
54		Abonnement		0 06 p. 0/0.	14,713 12
	Total (Obligations)				14,713 12
55	Lettres de gage du Crédit foncier.	Au comptant		0 05 p. 0/0.	»
56		Abonnement		0 05 p. 0/0.	»
	Total (Valeurs françaises)				62,410 13
	Valeurs étrangères.				
57	Actions des sociétés	Au comptant.	Plein tarif	2 00 p. 0/0.	82 00
58			Compléments	0 80 p. 0/0.	»
59		Abonnement		0 06 p. 0/0.	»
	Total (Actions)				82 00
60	Obligations négociables des sociétés, compagnies, provinces, villes et établissements publics	Au comptant.	Plein tarif	2 00 p. 0/0.	31 32
61			Compléments	0 80 p. 0/0.	130 00
62		Abonnement		0 06 p. 0/0.	»
	Total (Obligations)				167 32
	Total (Actions et Obligations)				249 32
63	Titres de rentes des gouvernements étrangers.	Au comptant.	Plein tarif	0 50 p. 0/0.	8 00
64			Compléments	0f 35 p. 0/0. (taux moyen.)	1,402 10
	Total (Titres des Gouvernements étrangers)				1,410 00
	Total (Valeurs étrangères)				1,650 02
	Total (Valeurs mobilières)				64,070 10
	Total du timbre proportionnel				595,951 84

ÉT[AT C.]

Numéros des articles.	Désignation des actes et mutations soumis aux droits.		Mo[ntant des] droits (Décim[es compris])
	PÉNALITÉS.		
65	Amendes de contravention.	Amendes proportionnelles	6[...]
66		Amendes fixes	18[...]
	Total des Pénalités		25[...]
	RECETTES DIVERSES.		
67	Droits simples, en sus et amendes aux anciens tarifs		
	Total des Recettes diverses		

RÉCAPITULATION DES PRODUITS DU TIMBRE.

Timbre non proportionnel (Dimension et fixe)	3,50[...]
Timbre proportionnel	59[...]
Pénalités	2[...]
Recettes diverses	
Total général des produits du Timbre constatés en Algérie pour l'exercice 1901	4,19[...]

Développement des quantités de papiers timbrés et de timbres mobiles débités en produits correspondants.

TIMBRE NON PROPORTIONNEL.

DÉSIGNATION DES FORMULES.	QUANTITÉS débitées.	PRODUITS en espèces.
1. — TIMBRE DE DIMENSION ORDINAIRE.		
Petit papier { à 0 fr. 60 la feuille simple	871,543	522,925 80
{ à 1 fr. 20 la feuille double	197,436	188,943 20
Moyen papier à 1 fr. 80 la feuille	402,479	724,462 20
Grand papier à 2 fr. 40 la feuille	4,722	11,332 80
Grand papier à 3 fr. 60 la feuille	579	2,084 40
Registres des formalités hypothécaires à 3 fr. 60 la feuille	2,680	9,648 00
Papiers pour copies { à 0 fr. 60 la feuille simple	283,701	
{ à 1 fr. 20 la feuille double	182,563	(a)
Franchise du porteur de contraintes	70,160	
Totaux	1,902,103	1,459,376 40
0 fr. 60	135,519	81,491 40
1 20	21,819	29,782 60
1 80	36,142	65,055 60
2 40	4,641	11,138 40
3 60	1,113	4,006 80
3 60 (Titres d'équipage)	2,264	8,150 40
Totaux (b)	204,798	199,625 40
0 60	347,103	208,261 80
1 20	63,777	76,532 40
3 60	»	»
6 00	4,805	28,830 00
12 00	2,141	25,692 00
Totaux (b)	417,826	339,816 20

(a) La valeur ci-contre comprend des papiers [illegible] ... 762,769 50 / 36,558 70 — Total ... 859,338 70. Total égal à la valeur en espèces des timbres mobiles débités.
(b) Exemple de timbres mobiles pour copies : quantité 182,563. Produit 335,316 fr. 10.

NON PROPORTIONNEL.

DÉSIGNATION DES FORMULES.	QUANTITÉS débitées.	PRODUITS en espèces.
2. — AFFICHES SUR PAPIER.		
Timbre mobile à — 0 fr. 06	100,820	6,049 20
0 12	106,496	12,779 52
0 18	43,035	7,746 84
0 24	42,976	10,314 24
Totaux	293,330	36,889 80
3. — CONTRATS DE TRANSPORTS.		
Transports maritimes. Timbres mobiles à — 0 fr. 60	1,311	786 60
1 20 { à une estampille	9,478	11,373 60
{ à trois estampilles	29,787	35,708 40
2 40	39,065	93,756 20
Totaux	79,641	141,019 80
4. — PASSEPORTS.		
Formules spéciales — à l'intérieur, à 0 fr. 60	»	»
délivrés gratis aux indigents	»	»
à l'étranger, à 0 fr. 60	5,402	3,241 20
Totaux	5,402	3,241 20
5. — PERMIS DE CHASSE.		
Formules spéciales à 18 francs	9,402	162,756 00
6. — QUITTANCES.		
1° Quittances sous seing privé. Timbres mobile à — 0 fr. 10	4,060,293	406,029 20
0 50	13,940	6,970 00
1 00	9,881	9,881 00
2 00	8,188	16,376 00
Ensemble	4,092,301	439,256 20
2° Quittances des comptables. Timbres mobiles à 25 centimes	196,682	49,170 50
Totaux	4,288,983	488,426 70

Développement des quantités de coupons de la débite, *de timbres mobiles vendus pendant l'exercice 1901.*

ÉTAT E.

TIMBRE PROPORTIONNEL.
EFFETS NÉGOCIABLES ET NON NÉGOCIABLES.

DÉSIGNATION DES FORMULES.	NOMBRE de papiers débités.	PRODUITS en espèces. (fr. c.)
1. COUPONS DE LA DÉBITE.		
0f 05c	484,480	24,224 00
0 10	191,593	19,159 30
0 15	95,745	14,361 75
0 20	53,384	10,676 80
0 25	55,779	13,944 75
0 30	23,999	7,199 70
0 35	14,086	4,902 10
0 40	11,549	4,619 60
0 45	6,099	2,744 65
0 50	45,414	22,707 00
1 00	17,844	17,844 00
1 50	7,584	11,376 00
2 00	4,598	9,196 00
2 50	5,703	14,257 50
3 00	1,787	5,361 00
3 50	853	2,985 60
4 00	941	3,764 00
4 50	314	1,343 00
5 00	4,255	51,275 00
5 50	22	121 00
6 00	86	516 00
6 50	38	247 00
7 00	45	315 00
7 50	170	1,275 00
8 00	42	336 00
8 50	25	212 50
9 00	46	414 00
9 50	29	275 50
10 00	2,555	25,550 00
Totaux	1,020,005	241,404 05

TIMBRE PROPORTIONNEL. (Suite.)
EFFETS NÉGOCIABLES ET NON NÉGOCIABLES.

DÉSIGNATION DES FORMULES.	NOMBRE de timbres débités.
2. TIMBRES MOBILES.	
0f 05c	550,028
0 10	177,257
0 15	83,866
0 20	49,622
0 25	43,506
0 30	23,770
0 35	16,527
0 40	13,731
0 45	10,090
0 50	34,023
1 00	12,032
1 50	5,384
2 00	8,873
2 50	4,307
3 00	1,754
3 50	845
4 00	974
4 50	372
5 00	3,705
5 50	78
6 00	140
6 50	78
7 00	38
7 50	153
8 00	86
8 50	95
9 00	64
9 50	35
10 00	1,963
15 00	254
20 00	330
25 00	428
30 00	311
Totaux	1,041,821

Timbre à l'extraordinaire ....

Visa pour timbre ....

A.

Tableau des Droits constatés, produits de la taxe sur le revenu des valeurs mobilières, etc. pour l'exercice 1901.

ÉTAT A.

DÉSIGNATION DES DROITS ET PRODUITS.	DROITS CONSTATÉS				RECOUVREMENTS		RESTES À RECOUVRER REPORTÉS À L'EXERCICE 1902.			OBSERVATIONS.
	Droits qui restaient à recouvrer par l'exercice 1900.	Droits constatés pendant l'exercice 1901.	Total des droits constatés de l'exercice 1901.	À déduire les droits et produits constatés tombés en non-valeurs.	Droits en dépôts et produits à recouvrer pour l'exercice 1901.	Recouvrements effectués pendant l'exercice 1901.	Droits et produits constatés mis à la charge des comptables.	Restes et produits constatés à recouvrer sur les débiteurs.	Total.	
	fr. c.	fr. c.	fr. c.	fr. c.	fr. c.	fr. c.	fr. c.	fr. c.	fr. c.	
Art. 6. — Produits de la taxe sur le revenu.										
— Revenu des valeurs mobilières	»	195,208 48	195,208 48	»	195,208 48	195,208 48	»	»	»	
— Revenu de certaines associations	»	15,106 39	15,106 39	»	15,106 39	15,106 39	»	»	»	
— Pénalités	»	2,105 78	2,105 78	340 52	1,865 26	1,865 26	»	»	»	
— Recettes diverses	»	»	»	»	»	»	»	»	»	
Total de l'article 6	»	210,420 65	210,420 65	340 52	210,180 13	210,180 13	»	»	»	

B.

Développement, par département, du produit de la taxe, sur le revenu des valeurs mobilières, etc., pendant l'exercice 1901.

DÉPARTEMENTS.	PRODUITS.
	fr. c.
……	100,534 53
……	87,144 36
……	22,100 04
Total	210,180 13

Développement des Droits constatés, produits de la Taxe sur le revenu des valeurs mobilières, etc., pour l'exercice 1901.

ÉTAT C.

Références des articles.	DÉSIGNATION DES PRODUITS.	QUOTITÉS des droits.	VALEURS sur lesquelles la taxe a été calculée.	MONTANT des droits constatés.
			fr. c.	fr. c.
	I. Valeurs françaises.			
1re section	Actions des sociétés (y compris les parts des fondateurs et autres)	4 p. 0/0.	1,517,963 50	60,718 14
	Parts d'intérêts	4 p. 0/0.	183,113 25	7,337 73
	Commandites	4 p. 0/0.	168,501 00	6,718 04
	Obligations et emprunts { Communes	4 p. 0/0.	507,048 75	20,281 95
	Départements	4 p. 0/0.	225,011 75	9,030 47
	Établissements publics	4 p. 0/0.	225,231 25	9,009 25
	Sociétés	4 p. 0/0.	311,346 75	12,453 87
	Lots	4 p. 0/0.	1,381 50	55 38
	Primes	4 p. 0/0.	23,376 50	934 96
	Ensemble		3,164,207 25	126,565 79
	II. Valeurs étrangères.			
	Actions	4 p. 0/0.	»	»
	Obligations	4 p. 0/0.	»	»
	Sociétés ayant des biens situés en France	4 p. 0/0.	1,716,067 50	68,642 69
	Ensemble		1,716,067 50	68,642 69
	Total de la 1re section		4,880,274 75	195,208 48
2e section	Revenus de certaines collectivités	4 p. 0/0.	377,659 75	15,106 39
3e section	Droits en sus		»	929 63
	Amendes de contravention		»	1,203 15
	Total de la 3e section		»	2,105 78
4e section	Revenus distribués antérieurement à la loi du 26 décembre 1851	3 p. 0/0.	»	9,105 78
	Total des droits constatés sur le revenu des valeurs mobilières		»	210,420 65

ÉTAT A. — *Tableau général des droits et produits constatés par les receveurs principaux des douanes, pour l'exercice 1901.*

	DÉSIGNATION DES DROITS ET PRODUITS.	DROITS CONSTATÉS.			RECOUVREMENTS effectués pendant l'exercice 1901.	RESTES À RECOUVRER reportés à l'exercice 1902.			OBSERVATIONS.
		Montant des droits constatés pendant l'exercice 1901.	à déduire les droits et produits recouvrés en non-valeur.	Reste en droits et produits constatés à recouvrer sur l'exercice 1901.		Droits et produits constatés mis à la charge des comptables.	Droits et produits constatés à recouvrer sur les débiteurs de droits.	TOTAL.	
		fr. c.	fr. c.	fr. c.	fr. c.	fr. c.	fr. c.	fr. c.	
Droits de douanes à l'importation.	Marchandises diverses	6.330.666 45	»	6.330.666 45	6.330.666 45	»	»	»	
	Sucres de toute origine	7.209.342 12	»	7.209.342 12	7.209.342 12	»	»	»	
	Droit de statistique	197.913 52	»	197.913 52	197.913 52	»	»	»	
	Total des droits de douanes à l'importation	13.737.922 09	»	13.737.922 09	13.737.922 09	»	»	»	
Droits de navigation.	Droits de quai	216.000 66	»	216.000 66	216.000 66	»	»	»	
	Congés de bateaux français. (Pêcheurs ou allèges.)	3.272 00	»	3.272 00	3.272 00	»	»	»	
	Passeports des bâtiments étrangers	1.335 50	»	1.335 50	1.335 50	»	»	»	
	Passeports des bateaux étrangers, (Pêcheurs ou allèges.)	600 00	»	600 00	600 00	»	»	»	
	Droits de patente des bateaux caravilleurs	»	»	»	»	»	»	»	
	Total des droits de navigation	221.214 16	»	221.214 16	221.214 16	»	»	»	
Droits divers et recettes accessoires.	Droits de timbre de toute nature	23.219 50	»	23.219 50	23.219 50	»	»	»	
	Prix des brevets de francisation des navires	41 00	»	41 00	41 00	»	»	»	
	Fonds reçus des communes et de divers pour frais d'exercice des entrepôts, etc.	6.125 00	»	6.125 00	6.125 00	»	»	»	
	Droits de magasinage et de garde	1.138 61	»	1.138 61	1.138 61	»	»	»	
	6 p. o/o du produit brut de l'octroi de mer revenant au budget de l'Algérie pour frais de perception	383.544 50	»	383.544 50	383.544 50	»	»	»	
	Intérêts pour crédits de droits	41.262 90	»	41.262 90	41.262 90	»	»	»	
	Moitié de la remise allouante aux marchandises enlevées avant acquittement	2.621 30	»	2.621 30	2.621 30	»	»	»	
	Recettes accidentelles	16.230 04	»	16.230 04	16.230 04	»	»	»	
	Taxes de plombage et d'estampillage	7.717 10	»	7.717 10	7.717 10	»	»	»	
	Droits sanitaires et de port	152.740 53	»	109.740 53	152.740 53	»	»	»	
	Total des droits divers et recettes accessoires	634.649 14	»	634.649 14	634.649 14	»	»	»	
Amendes et confiscations.	Vente des marchandises et des moyens de transport saisis	23.907 07	»	23.907 07	23.907 07	»	»	»	
	Sommes recouvrées en vertu de condamnations pécuniaires ou de transactions	60.828 57	9.341 18	51.487 39	30.076 14	»	15.411 25	15.411 25	
	Total des amendes et confiscations	84.735 64	9.341 18	75.394 46	50.963 21	»	15.411 25	15.411 25	
	TOTAL GÉNÉRAL	14.678.521 03	9.341 18	14.669.179 85	14.633.708 60	»	15.411 25	15.411 25	

ÉTAT B. *État de développement, par nature de droits et par bureaux principaux, des* | *Recouvrements effectués sur les Douanes pendant l'exercice 1901.* ÉTAT B.

BUREAUX PRINCIPAUX.	DROITS À L'IMPORTATION.		DROIT de STATISTIQUE.	DROITS de NAVIGATION.	DROITS postaux et recettes accessoires.	PRODUIT DES AMENDES et confiscations.	TOTAL des RECETTES.	BUREAUX PRINCIPAUX.
	MARCHANDISES diverses.	SUCRES de toute origine.						
	fr. c.	fr. c.	fr. c.	fr. c.	fr. c.	fr. c.	fr. c.	
....	2,527,883 13	2,555,303 92	62,581 62	124,236 51	257,607 18	5,641 95	5,533,207 31	Alger.
....	2,531,800 92	3,215,370 49	75,721 40	66,202 11	240,100 51	12,983 37	6,142,238 81	Oran.
....	428,875 49	458,531 19	41,599 50	22,443 20	58,203 66	11,001 30	1,050,654 45	Bône.
...ceille..........	842,040 00	980,076 32	18,008 00	14,332 34	72,847 77	556 60	1,927,668 03	Philippeville.
Totaux..........................	6,330,600 45	7,209,343 12	197,913 52	221,214 36	634,649 14	59,983 21	14,653,768 00	

ÉTAT C. Développement, par nature de droits et par classe de marchandises, des valeurs et des droits de douanes à l'importation perçus, pendant l'exercice 1901.

CLASSES DE MARCHANDISES.	VALEURS.	DROITS PERÇUS.
	francs.	francs.
MATIÈRES ANIMALES.		
Animaux vivants	15,755,679	30,462
Produits et dépouilles d'animaux	4,970,339	179,078
Pêches	391,969	119,472
Substances propres à la médecine et à la parfumerie	2,476	17
Matières dures à tailler	5	"
Total	21,126,468	329,029
MATIÈRES VÉGÉTALES.		
Farineux alimentaires	1,058,755	151,393
Fruits et graines	1,691,231	167,483
Denrées coloniales (y compris les sucres de toute origine)	13,300,951	10,071,758
Huiles et sucs végétaux	1,661,563	197,017
Espèces médicinales	108,841	230
Bois. { communs	6,562,687	638,833
{ exotiques	839	55
Fruits, tiges et filaments à ouvrer	19,694	509
Teintures et tanins	355,547	6,822
Produits et déchets divers	424,930	95,124
Boissons	173,090	61,726
Total	25,448,140	11,391,050
MATIÈRES MINÉRALES.		
Pierres, terres et combustibles minéraux	6,814,449	858,435
Métaux	4,563,296	51,034
Total	11,377,745	910,000
FABRICATIONS.		
Produits chimiques	421,727	32,957
Teintures préparées	895	120
Couleurs	25,245	5,058
Compositions diverses	88,755	11,370
Poteries, verres et cristaux	313,454	23,199
Fils	330,748	44,418
Tissus	1,813,460	200,684
Vêtements et lingerie	839,362	23,954
Papier et ses applications	216,016	36,822
Peaux et pelleteries ouvrées	1,259,328	26,729
Bijouterie, horlogerie et ouvrages en métaux	2,820,065	350,058
Armes, poudres et munitions	13,355	2,176
Meubles et ouvrages en bois	216,547	22,496
Instruments de musique	18,653	2,374
Ouvrages de sparterie, de vannerie et de corderie	204,558	12,006
Ouvrages en matières diverses	1,275,451	51,811
Total	9,858,219	907,432
Droit de statistique	"	197,914
Numéraire	11,905,104	628
Total général	79,715,676	13,737,922

Développement des droits de navigation perçus, pendant l'exercice 1901.

ÉTAT C.

DÉSIGNATION DES DROITS.	NOMBRE DE TONNEAUX ou de passagers soumis aux droits. (T.)	QUOTITÉ du droit par tonneau. (fr. c.)	DROITS PERÇUS par articles.	TOTAL PAR NATURE de droits.
	19,643 58	1 00	19,643 58	
	5,551 69	0 50	2,775 85	
Bâtiments en provenance ou à destination des pays situés en dehors des limites du cabotage international..........	9,630 05	0 25	2,407 52	
	10,449 40	0 10	1,044 94	
	327,005 638	0 50	163,503 22	218,006 06
	35,303 20	0 25	8,825 84	
Bâtiments en provenance ou à destination des pays situés dans les limites du cabotage international..........	32,342 94	0 125	4,042 98	
	275,242 22	0 05	13,762 73	
Droits perçus par fractions..........	diverses			

	NOMBRE d'actes.	QUOTITÉ du droit par acte.	DROITS PERÇUS par articles.	TOTAL PAR NATURE de droits.
...es bâtiments français. (Pêcheurs ou allèges.)..........	3,272	1 00	3,272 00	3,272 00
...ts des bâtiments étrangers..........	2,671	0 50	1,335 50	1,335 50
de moins de 10 tonneaux..........	42	5 00	210 00	
de 10 à 30 tonneaux..........	13	30 00	390 00	600 00
au-dessus de 30 tonneaux..........	»	»	»	
...patente des bateaux cornilleurs..........	»	»	»	»
TOTAL des droits de navigation..........				**221,214 16**

DOUANES.

ÉTAT C.

Développement des droits et produits accessoires de douanes, amendes et confiscations, perçus, pendant l'exercice 1901.

DÉSIGNATION DES DROITS.		NOMBRE D'EXPÉDITIONS.	QUOTITÉ par acte.	DROITS PERÇUS par articles.	TOTAL PAR NATURE de droits.
Droits de timbre.	Sur les commissions d'emploi..........	98	1f 25c	73f 50c	
		8,380	0 75	6,285 00	23,210f 50c
	Sur les expéditions..........	43,828	0 25	10,957 00	
		118,080	0 05	5,904 00	
Prix des brevets de francisation des navires.	Bâtiments du commerce français..........	41	1 00	41 00	41 00
	Bateaux de plaisance..........	"	1 50	"	
Fonds reçus des communes et de divers pour frais d'exercice des entrepôts, etc..........				6,125 00	6,125 00
Droits de magasinage et de garde..........				1,138 61	1,138 61
6 p. o/o du produit brut de l'octroi de mer revenant au budget de l'Algérie pour frais de perception..........				383,544 50	383,544 50
Intérêts pour crédits de droits..........				41,262 56	41,262 56
Moitié de la remise afférente aux marchandises enlevées avant acquittement..........				2,021 30	2,021 30
Recettes accidentelles..........				16,239 04	16,239 04

DÉSIGNATION DES DROITS.		NOMBRE de plombs.	DROITS PERÇUS par articles.	TOTAL PAR NATURE de droits.
Taxes de plombage et d'estampillage.	Plombage de capacité.	Plombs à 0f 50c..........	"	"
	Plombage par colis.	Plombs à 0f 50c..........	1,132	500 00	
		Plombs à 0 25..........	28,356	7,089 00	
		Plombs à 0 10..........	607	60 70	7,717 10
		Plombs à 0 05..........	"	"	
		Plombs à 0 03..........	"	"	
		Plombs à 0 01..........	140	1 40	
Droits sanitaires et de port..........			152,740 53	152,740 53
		TOTAL des droits et produits accessoires..........		634,049 14

	DROITS qui restaient à recouvrer sur l'exercice 1900.	DROITS acquis et constatés pendant l'année et sur l'exercice 1901.	TOTAL des droits constatés de l'exercice 1901.	À DÉDUIRE			RESTE pour droits constatés et recouvrés pendant l'exercice 1901.	
				les droits dont il a été fait remise ou qui ont été reconnus irrécouvrables.	les droits restant à réaliser à la clôture de l'exercice 1901 et qui sont repris en charge à l'exercice 1902.	TOTAL.		
	fr. c.	fr. c.	fr. c.	fr. c.	fr. c.	fr. c.	fr. c.	
Ventes des objets saisis et produit des préemptions..	"	23,907 07	23,907 07	"	"	"	23,907 07	23,907 07
Amendes et autres condamnations pécuniaires et sommes stipulées par transactions.	"	60,828 57	60,828 57	9,341 18	15,411 25	24,752 43	36,076 14	36,076 14
							59,983 21
			TOTAL des amendes et confiscations..........					59,983 21

Récapitulation générale des droits recouvrés sur les Douanes, pendant l'exercice 1901.

DOUANES.
ÉTAT D.

DÉSIGNATION DES DROITS.	MONTANT des DROITS PERÇUS.	TOTAL PAR NATURE de droits.
	fr. c.	fr. c.
DROITS DE DOUANES.		
Droits à l'importation. Marchandises diverses............................	6,330,666 45	
Sucres de toute origine............................	7,209,342 12	13,737,922 09
Droits de statistique............................	197,913 52	
DROITS DE NAVIGATION.		
Droits de quai............................	216,006 66	
Congés des bateaux français. (Pêcheurs, allèges.)............................	3,272 00	221,214 16
Passeports des bâtiments étrangers............................	1,335 50	
Passeports des bateaux étrangers. (Pêcheurs, allèges.)............................	600 00	
DROITS DIVERS ET PRODUITS ACCESSOIRES.		
Droits de timbre de toute nature............................	23,219 50	
Prix des brevets de francisation des navires............................	41 00	
Fonds reçus des communes et de divers pour frais d'exercice des entrepôts, etc............................	6,125 00	
Droits de magasinage et de garde............................	1,138 61	
6 p. o/o du produit brut de l'octroi de mer revenant au Trésor pour frais de perception............................	383,544 50	634,649 14
Intérêts pour crédits de droits............................	41,262 56	
Moitié de la remise afférente aux marchandises enlevées avant acquittement............................	2,021 30	
Recettes accidentelles............................	16,239 04	
Taxe de plombage et d'estampillage............................	7,717 10	
Droits sanitaires et de port............................	152,740 53	
AMENDES ET CONFISCATIONS.		
Vente des marchandises et des moyens de transports saisis............................	23,907 07	50,983 21
Sommes recouvrées en vertu de condamnations pécuniaires ou par suite de transactions............................	36,070 14	
TOTAL GÉNÉRAL............................		14,653,768 60

ÉTAT A.

Tableau de situation de l'apurement des Droits et Produits constatés sur les Contributions diverses, pour l'exercice 1901.

DÉSIGNATION DES DROITS ET PRODUITS.	DROITS CONSTATÉS.					RECOUVREMENTS effectués pendant l'exercice 1901.	RESTES À RECOUVRER REPORTÉS À L'EXERCICE 1902.			OBSERVATIONS.
	DROITS constatés pendant l'exercice 1901.	À DÉDUIRE les produits en non-valeur. Droits dont il a été fait remise aux redevables.	Droits tombés en non-valeur.	TOTAL des déductions.	RESTE des droits constatés pour l'exercice 1901.		Droits constatés mis à la charge des comptables.	Droits et produits à recouvrer sur les redevables.	TOTAL.	
1	3	5	6	7	8	9	10	11	12	13
	fr. c.	fr. c.	fr. c.	fr. c.	fr. c.	fr. c.	fr. c.	fr. c.	fr. c.	
Droits sur les alcools	4,401,239 69	1,922 75	123 84	2,046 59	4,399,193 10	4,370,272 54	»	28,920 56	28,920 56	
Droits de licence sur la fabrication et la vente des boissons	1,486,747 50	»	»	»	1,486,747 50	1,486,747 50	»	»	»	
Droits de licence sur la fabrication et la vente des tabacs	238,467 50	»	»	»	238,467 50	238,467 50	»	»	»	
Droits de garantie des matières d'or et d'argent	178,016 31	»	»	»	178,016 31	178,016 31	»	»	»	
Timbres des expéditions et quittances	25,907 30	»	»	»	25,907 30	25,907 30	»	»	»	
Recouvrement des frais de poursuites	41,017 95	677 40	»	677 40	40,340 55	37,726 52	29 25	2,584 78	2,614 03	
Prélèvements pour remboursements des frais de perception des taxes intérieures de l'octroi de mer	114,494 25	»	»	»	114,494 25	114,494 25	»	»	»	
Intérêts pour crédit de droits	28,722 27	»	»	»	28,722 27	28,722 27	»	»	»	
Amendes et confiscations. (Produits à répartir.)	58,639 92	»	631 58	631 58	58,008 34	58,008 34	»	»	»	
Redevance de 0 fr. 80 cent. par hectolitre sur les alcools dénaturés	470 57	»	»	»	470 57	470 57	»	»	»	
Prix des estampilles délivrées aux entrepreneurs de voitures publiques	298 00	»	»	»	298 00	298 00	»	»	»	
Produit des matières manquant chez les comptables	21 30	»	»	»	21 30	21 30	»	»	»	
TOTAL	6,574,852 56	2,600 15	755 42	3,355 57	6,571,496 99	6,539,962 10	29 25	31,505 64	31,534 89	

ÉTAT B.   *DÉVELOPPEMENT par département des recouvrements de l'exercice 1901.*

DÉSIGNATION DES DROITS ET PRODUITS.	DÉPARTEMENT D'ALGER.	DÉPARTEMENT de CONSTANTINE.	DÉPARTEMENT D'ORAN.	TOTAL.
	fr. c.	fr. c.	fr. c.	fr. c.
Droits sur les alcools..........................	2,763,078 78	602,140 78	1,005,052 68	4,370,272 24
Droits de licence sur la fabrication et la vente des boissons......	599,272 50	341,455 00	546,020 00	1,486,747 50
Droits de licence sur la fabrication et la vente des tabacs.......	100,372 50	65,835 00	72,260 00	238,467 50
Droits de garantie des matières d'or et d'argent.............	67,473 47	63,161 62	47,381 22	178,016 31
Timbres des expéditions et quittances.......................	10,586 30	7,397 70	7,923 30	25,907 30
Recouvrements des frais de poursuites.....................	13,692 75	11,054 40	12,979 37	37,726 52
Prélèvements pour remboursement des frais de perception des taxes intérieures de l'octroi de mer...........................	79,452 81	11,728 34	23,223 10	114,404 25
Intérêts pour crédit de droits.........................	25,569 77	a	3,152 50	28,722 27
Amendes et confiscations (produits à répartir)...............	40,457 70	6,970 04	11,480 60	58,908 34
Redevance de o fr. 80 par hectolitre sur les alcools dénaturés...	424 80	45 64	0 13	470 57
Prix des estampilles délivrées aux entrepreneurs de voitures publiques..	134 00	68 00	96 00	298 00
Produit des matières manquant chez les comptables...........	1 30	a	20 00	21 30
TOTAL.....................	3,700,516 68	1,109,856 52	1,729,588 90	6,539,962 10

Tableau de développement des Matières soumises à l'impôt, pendant l'exercice 1901.

DÉSIGNATION DES DROITS ET PRODUITS ET DES MATIÈRES OU OBJETS SOUMIS À L'IMPÔT.	QUOTITÉ des DROITS.	QUANTITÉS, NOMBRES ET VALEURS sur lesquels les droits ont été assis.	DROITS RÉSULTANT de l'application des taxes.	DROITS CONSTATÉS, forts centimes compris.
		hectol.	fr. c.	fr. c.
DROITS SUR LES ALCOOLS.				
Droit de consommation — Droits simples	100f 00c per hectol.	43,977 8822	4,397,788 22	
Doubles droits	200 00 idem..	0 1595	31 90	
Surtaxe de 25 francs	25 00 idem..	9 7834	244 59	
Surtaxe de 45 francs	45 00 idem..	0 0558	2 51	
Droits complémentaires		0 0891	8 70	
Taxe de dénaturation	2 40 idem...	1,315 9403	3,158 26	
		45,303 9103	4,401,234 18	4,401,239 09

DROITS DE LICENCE
SUR LA FABRICATION ET LA VENTE DES BOISSONS
EU ÉGARD À LA POPULATION ET À LA VALEUR LOCATIVE.

(ÉTAT O. — 1re PARTIE.)

		licences.	
Communes de 2,000 âmes et au-dessous. 1,000 francs et au-dessous	10f 00c par mois.	28,209	282,090 00
1,001 — à 2,000 francs	15 00 idem..	481	7,215 00
2,001 — à 4,000 —	20 00 idem..	44	880 00
4,001 — à 6,000 —	25 00 idem..	25	625 00
6,001 — à 10,000 —	30 00 idem..	"	"
10,001 — à 15,000 —	35 00 idem..	12	420 00
15,001 — et au-dessus	40 00 idem..	"	"
Communes de 2,001 à 5 000 âmes. 1,000 francs et au-dessous	15 00 idem..	10,305	155,475 00
1,001 — à 2,000 francs	20 00 idem..	1,063	21,260 00
2,001 — à 4,000 —	25 00 idem..	238	5,950 00
4,001 — à 6,000 —	30 00 idem..	"	"
6,001 — à 10,000 —	35 00 idem..	12	420 00
10,001 — à 15,000 —	40 00 idem..	"	"
15,001 — et au-dessus	47 50 idem..	"	"
Communes de 5,001 à 10,000 âmes. 1,000 francs et au-dessous	20 00 idem..	3,007	60,140 00
1,001 — à 2,000 francs	25 00 idem..	509	12,725 00
2,001 — à 4,000 —	30 00 idem..	144	4,320 00
4,001 — à 6,000 —	35 00 idem..	"	"
6,001 — à 10,000 —	40 00 idem..	12	480 00
10,001 — à 15,000 —	47 50 idem..	"	"
15,001 — et au-dessus	55 00 idem..	"	"
Communes de 10,001 à 20,000 âmes. 1,000 francs et au-dessous	25 00 idem..	4,688	117,200 00
1,001 — à 2,000 francs	30 00 idem..	1,025	30,750 00
2,001 — à 4,000 —	35 00 idem..	393	13,755 00
4,001 — à 6,000 —	40 00 idem..	132	5,280 00
6,001 — à 10,000 —	47 50 idem..	48	2,280 00
10,001 — à 15,000 —	55 00 idem..	"	"
15,001 — et au-dessus	65 00 idem..	"	"
À reporter		50,407	721,265 00

Suite du *Tableau de développement des Matières soumises à l'impôt, pendant l'exercice 1901.*

DÉSIGNATION DES DROITS ET PRODUITS ET DES MATIÈRES ET OBJETS SOUMIS À L'IMPÔT.	QUOTITÉ des DROITS.	QUANTITÉS, NOMBRES ET VALEURS sur lesquels les droits ont été assis.	DROITS RÉSULTANT de l'application des taxes.	DROITS CONSTATÉS, fort centimes compris.
		licences.	fr. c.	fr. c.
DROITS DE LICENCE **SUR LA FABRICATION ET LA VENTE DES BOISSONS. (Suite.)**				
Report....................	....	50,407	721,265 00	
Communes de 20,001 à 30,000 âmes................... { 1,000 francs et au-dessous............	30f 00c par mois.	5,279	158,370 00	
1,001 — à 2,000 francs..........	35 00 idem..	869	30,415 00	
2,001 — à 4,000 —	40 00 idem..	403	16,120 00	
4,001 — à 6,000 —	47 50 idem..	170	8,075 00	
6,001 — à 10,000 —	55 00 idem..	67	3,685 00	
10,001 — à 15,000 —	65 00 idem..	"	"	
15,001 — et au-dessus..........	75 00 idem..	"	"	
Communes de 50,001 âmes et au-dessus................. { 1,000 francs et au-dessous..........	40 00 idem..	5,643	225,720 00	
1,001 — à 2,000 francs..........	47 50 idem..	1,559	74,052 50	
2,001 — à 4,000 —	55 00 idem..	1,012	55,060 00	
4,001 — à 6,000 —	65 00 idem..	346	22,490 00	
6,001 — à 10,000 —	75 00 idem..	210	15,750 00	
10,001 — à 15,000 —	90 00 idem..	81	7,290 00	
15,001 — et au-dessus..........	105 00 idem..	25	2,625 00	
(ÉTAT O. — 2e PARTIE.)				
Communes de 2,000 âmes et au-dessous.................. { 500 francs et au-dessous..........	5 00 idem..	2,128	10,640 00	
501 — à 1,000 francs..........	7 50 idem..	535	4,012 50	
1,001 — à 2,000 —	10 00 idem..	284	2,840 00	
2,001 — à 4,000 —	12 50 idem..	"		
Communes de 2,001 à 5,000 âmes. { 500 francs et au-dessous..........	7 50 idem..	1,876	14,070 00	
501 — à 1,000 francs..........	10 00 idem..	38	380 00	
1,001 — à 2,000 —	12 50 idem..	"	"	
2,001 — à 4,000 —	15 00 idem..	"	"	
Communes de 5,001 à 10,000 âmes.................. { 500 francs et au-dessous..........	10 00 idem..	253	2,530 00	
501 — à 1,000 francs..........	12 50 idem..	24	300 00	
1,001 — à 2,000 —	15 00 idem..	3	45 00	
2,001 — à 4,000 —	17 50 idem..	"	"	
Communes de 10,001 à 20,000 âmes.................. { 500 francs et au-dessous..........	12 50 idem..	1,258	15,725 00	
501 — à 1,000 francs..........	15 00 idem..	29	435 00	
1,001 — à 2,000 —	17 50 idem..	18	315 00	
2,001 — à 4,000 —	20 00 idem..	"	"	
Communes de 20,001 à 30,000 âmes.................. { 500 francs et au-dessous..........	15 00 idem..	707	11,505 00	
501 — à 1,000 francs..........	17 50 idem..	64	1,120 00	
1,001 — à 2,000 —	20 00 idem..	13	260 00	
2,001 — à 4,000 —	22 50 idem..	"	"	
Communes de 50,001 âmes et au-dessus.................. { 500 francs et au-dessous..........	20 00 idem..	1,052	21,040 00	
501 — à 1,000 francs..........	22 50 idem..	277	6,232 50	
1,001 — à 2,000 —	25 50 idem..	102	2,550 00	
2,001 — à 4,000 —	30 00 idem..	"	"	
À reporter....................	....	74,772	1,435,517 50	

Suite du *Tableau de développement des matières soumises à l'impôt pendant l'exercice 1901.*

DÉSIGNATION DES DROITS ET PRODUITS ET DES MATIÈRES ET OBJETS SOUMIS À L'IMPÔT.	QUOTITÉ des DROITS.	QUANTITÉS, NOMBRES ET VALEURS sur lesquels les droits ont été assis.	DROITS RÉSULTANT de l'application des taxes.	DROITS CONSTATÉS, forts centimes compris.
		licences.	fr. c.	fr. c.
DROITS DE LICENCE **SUR LA FABRICATION ET LA VENTE DES BOISSONS.** (Suite.)				
Report.................................	....	74,772	1,435,517 50	
EU ÉGARD À LA POPULATION SEULEMENT. (ÉTAT P.)				
Communes de 2,000 âmes et au-dessous.................................	10ᶠ par mois.	202	2,020 00	
——— de 2,001 — à 5,000 âmes.................................	15 idem.....	144	2,160 00	
——— de 5,001 — à 10,000 —	20 idem.....	34	680 00	
——— de 10,001 — à 20,000 —	25 idem.....	12	300 00	
——— de 20,001 — à 50,000 —	30 idem.....	38	1,140 00	
——— de 50,001 — et au-dessus.................................	40 idem.....	55	2,200 00	
SANS TENIR COMPTE DE LA POPULATION NI DE LA VALEUR LOCATIVE. (ÉTAT Q.)				
Cantiniers et cafetiers de troupes établis dans l'intérieur des forts, camps ou cavernes où le public n'est pas admis.................................	10 idem.....	1,373	13,730 00	
Colporteurs de boissons { avec voiture de terre ou d'eau.................................	20 idem.....	1,407	28,140 00	
avec bête de somme ou à bras.................................	5 idem.....	172	860 00	
TOTAL des licences (boissons).................................	....	78,209	1,486,747 50	1,486,747 50

Suite du *Tableau de développement des matières soumises à l'impôt pendant l'exercice 1901*.

DÉSIGNATION DES DROITS ET PRODUITS ET DES MATIÈRES ET OBJETS SOUMIS À L'IMPÔT.	QUOTITÉ des DROITS.	QUANTITÉS, NOMBRES ET VALEURS sur lesquels les droits ont été assis.	DROITS RÉSULTANT de l'application des taxes.	DROITS CONSTATÉS, foris centimes compris.
		licences.	fr. c.	fr. c.
DROITS DE LICENCE SUR LA FABRICATION ET LA VENTE DES TABACS.				
DROITS DE LICENCE SUR LA FABRICATION DES TABACS EU ÉGARD À LA POPULATION ET À LA VALEUR LOCATIVE.				
Communes de 2,000 âmes et au-dessous — 1,000 francs et au-dessous	10f 00c par mois.	76	760 00	
1,001 — à 2,000 francs	15 00 idem..	"	"	
2,001 — à 4,000 —	20 00 idem..	12	240 00	
4,001 — à 6,000 —	25 00 idem..	"	"	
Communes de 2,001 à 5,000 âmes. — 1,000 francs et au-dessous	15 00 idem..	277	4,155 00	
1,001 — à 2,000 francs	20 00 idem..	115	2,300 00	
2,001 — à 4,000 —	25 00 idem..	"	"	
4,001 — à 6,000 —	30 00 idem..	"	"	
Communes de 5,001 à 10,000 âmes — 1,000 francs et au-dessous	20 00 idem..	87	1,740 00	
1,001 — à 2,000 francs	25 00 idem..	"	"	
2,001 — à 4,000 —	30 00 idem..	12	360 00	
4,001 — à 6,000 —	35 00 idem..	"	"	
6,001 — à 10,000 —	40 00 idem..	"	"	
15,001 — et au-dessus	55 00 idem..	"	"	
Communes de 10,001 à 20,000 âmes — 1,000 francs et au-dessous	25 00 idem..	181	4,525 00	
1,001 — à 2,000 francs	30 00 idem.	36	1,080 00	
2,001 — à 4,000 —	35 00 idem..	12	420 00	
4,001 — à 6,000 —	40 00 idem..	12	480 00	
6,001 — à 10,000 —	47 50 idem..	24	1,140 00	
15,001 — et au-dessus	65 00 idem..	12	780 00	
Communes de 20,001 à 50,000 âmes — 1,000 francs et au-dessous	30 00 idem..	110	3,300 00	
1,001 — à 2,000 francs	35 00 idem..	78	2,730 00	
2,001 — à 4,000 —	40 00 idem..	30	1,440 00	
4,001 — à 6,000 —	47 50 idem..	"	"	
Communes de 50,001 âmes et au-dessus — 1,000 francs et au-dessous	40 00 idem..	180	7,200 00	
1,001 — à 2,000 francs	47 50 idem..	108	5,130 00	
2,001 — à 4,000 —	55 00 idem..	96	5,280 00	
4,001 — à 6,000 —	65 00 idem..	"	"	
6,001 — à 10,000 —	75 00 idem..	"	"	
10,001 — à 15,000 —	90 00 idem..	12	1,080 00	
À reporter		1,476	44,140 00	

Suite du *Tableau de développement des matières soumises à l'impôt, pendant l'exercice 1901.*

DÉSIGNATION DES DROITS ET PRODUITS ET DES MATIÈRES ET OBJETS SOUMIS À L'IMPÔT.	QUOTITÉ des DROITS.	QUANTITÉS, NOMBRES ET VALEURS sur lesquels les droits ont été assis.	DROITS RÉSULTANT de l'application des taxes.	DROITS CONSTATÉS, forts centimes compris.
		licences.	fr. c.	fr. c.
DROITS DE LICENCE SUR LA FABRICATION ET LA VENTE DES TABACS. (Suite.)				
Report..................	....	1,476	44,140 00	
DROITS DE LICENCE SUR LA VENTE DES TABACS. EU ÉGARD À LA POPULATION ET À LA VALEUR LOCATIVE.				
Communes de 2,000 âmes et au-dessous — 500 francs et au-dessous	5f 00c par mois.	13,661	68,305 00	
501 — à 1,000 francs	7 50 idem..	24	180 00	
1,001 — à 2,000 —	10 00 idem..	"	"	
2,001 — à 4,000 —	12 50 idem..	"	"	
4,001 — à 6,000 —	15 00 idem..	"	"	
Communes de 2,001 à 5,000 âmes — 500 francs et au-dessous	7 50 idem..	3,387	25,402 50	
501 — à 1,000 francs	10 00 idem..	54	540 00	
1,001 — à 2,000 —	12 50 idem..	"	"	
2,001 — à 4,000 —	15 00 idem..	"	"	
4,001 — à 6,000 —	17 50 idem..	"	"	
Communes de 5,001 à 10,000 âmes — 500 francs et au-dessous	10 00 idem..	874	8,740 00	
501 — à 1,000 francs	12 50 idem..	84	1,050 00	
1,001 — à 2,000 —	15 00 idem..	12	180 00	
2,001 — à 4,000 —	17 50 idem..	"	"	
4,001 — à 6,000 —	20 00 idem..	"	"	
Communes de 10,001 à 20,000 âmes — 500 francs et au-dessous	12 50 idem..	861	10,762 50	
501 — à 1,000 francs	15 00 idem..	182	2,730 00	
1,001 — à 2,000 —	17 50 idem..	60	1,050 00	
2,001 — à 4,000 —	20 00 idem..	"	"	
4,001 — à 6,000 —	22 50 idem..	"	"	
Communes de 20,001 à 30,000 âmes — 500 francs et au-dessous	15 00 idem..	753	11,295 00	
501 — à 1,000 francs	17 50 idem..	244	4,270 00	
1,001 — à 2,000 —	20 00 idem..	84	1,680 00	
2,001 — à 4,000 —	22 50 idem..	"	"	
4,001 — à 6,000 —	25 00 idem..	"	"	
Communes de 50,001 âmes et au-dessus — 500 francs et au-dessous	20 00 idem..	731	14,620 00	
501 — à 1,000 francs	22 50 idem..	445	10,012 50	
1,001 — à 2,000 —	25 00 idem..	265	6,625 00	
2,001 — à 4,000 —	30 00 idem..	120	3,600 00	
4,001 — à 6,000 —	35 00 idem..	24	840 00	
SANS TENIR COMPTE NI DE LA POPULATION NI DE LA VALEUR LOCATIVE.				
Colporteurs de tabacs — avec voiture de terre ou d'eau	20 00 idem..	409	9,380 00	
avec bête de somme ou à bras	5 00 idem..	2,613	13,065 00	
TOTAL des licences (tabacs)	....	20,423	238,467 50	238,467 50

Suite du *Tableau de développement des matières soumises à l'impôt pendant l'exercice 1901.*

DÉSIGNATION DES DROITS ET PRODUITS ET DES MATIÈRES OU OBJETS SOUMIS À L'IMPÔT.	QUOTITÉ des DROITS.	QUANTITÉS, NOMBRES ET VALEURS sur lesquels les droits ont été assis.	DROITS RÉSULTANT de l'application des taxes.	DROITS CONSTATÉS, forts centimes compris.
	par hectogramme.	hect. gr.	fr. c.	fr. c.
DROIT DE GARANTIE DES MATIÈRES D'OR ET D'ARGENT.				
Ouvrages — d'or	37f 50c	1,835,50	68,831 25	
d'argent	2 00	54,585,34	109,170 68	
Total du droit de garantie		56,420,84	178,001 93	178,016 31
DROITS DE DIVERSES NATURES.		Timbres.		
Timbres des expéditions et quittances	0f 10c par timbre.	259,073	25,907 30	25,907 30
		Actes.		
Frais de poursuites — Frais de poursuites transférés		"	"	
Sommations avec frais	0f 15c par acte	74,603	11,199 45	
Commandements	1 00 idem..	24,275	24,275 00	
Procès-verbaux de saisies	3 00 idem..	1,468	4,404 00	
Procès-verbaux de ventes	4 00 idem..	19	76 00	
Actes divers tarifés par décision ministérielle du 30 juin 1852	0 25 idem..	554	138 50	
Idem	0 50 idem..	557	278 50	
Idem	1 00 idem..	4	4 00	
Idem	1 50 idem..	211	316 50	
Idem	2 00 idem..	101	202 00	
Idem	3 00 idem..	39	117 00	
dem	3 50 idem..	2	7 00	
Total des frais de poursuites		101,693	41,017 95	41,017 95
Prélèvement pour remboursement des frais de perception des taxes intérieures de l'octroi de mer	"		114,404 25	114,404 25
Intérêts pour crédits de droits	"		28,722 27	28,722 27
Amendes et confiscations (produits à répartir)	"		59,539 92	59,539 92
Prix des estampilles délivrées aux entrepreneurs de voitures publiques	2f par estamp.	149	298 00	298 00
		hectol...		
Redevance de 0f 80c par hectolitre sur les alcools dénaturés	0f 80c par hect.	588,2128	470 57	470 57
Produit des matières manquant chez les comptables — Sommations	0f 15c	"	"	
Timbres de toute espèce	0 10	213	21 30	
Estampilles (voitures publiques)	2 00	"	"	
Total du produit des matières manquant chez les comptables		213	21 30	21 30

§ 2. — PRODUITS DES MONOPOLES ET EXPLOITATIONS INDUSTRIELLES DE L'ÉTAT.

—

Résultats de l'exercice :

POSTES. — ÉTAT A. Droits constatés, non-valeurs, recouvrements, droits restés à recouvrer. — ÉTAT B. Développement des recettes par département. — ÉTAT C. Développement administratif.

TÉLÉGRAPHES. — ÉTAT A. Droits constatés, non-valeurs, recouvrements, droits restés à recouvrer. — ÉTAT B. Développement des recettes par département.

TÉLÉPHONES. — ÉTAT A. Droits constatés, non-valeurs, recouvrements, droits restés à recouvrer. — ÉTAT B. Développement des recettes par département.

(Pages 92 à 102.)

1° PRODUITS DES POSTES.

Les divers produits des postes se classent, pour 1901, sous cinq désignations différentes :

1° La taxe des lettres, des journaux et imprimés et des chargements. Le produit de ces diverses taxes a été de 3,300,356 fr. 76 cent. Les rectifications d'erreurs, les lettres réexpédiées sur d'autres bureaux et celles qui sont tombées en rebut ont réduit ce produit à 3,257,415 fr. 95 cent. ;

2° Le droit perçu sur les dépôts d'argent faits dans les bureaux de poste pour être payés dans d'autres bureaux : il a été fait, en 1901, 1,163,279 dépôts, montant à 186,649,849 fr. 01. Le droit s'est élevé à 443,546 fr. 72 cent., forts centimes compris ;

3° Le droit perçu sur les envois d'argent par mandats internationaux s'est élevé à 23,135 fr. 53 cent. ;

4° Le droit perçu sur les bons de poste monte à 3,983 fr. 00 cent. ;

5° Les recettes diverses et accidentelles, parmi lesquelles figurent les diverses amendes de contraventions, montent ensemble à 19,579 fr. 98 cent.

Les droits et produits constatés, y compris ceux qui ont été payés comptant et ceux dont le recouvrement n'avait pas encore eu lieu à l'époque de la clôture de l'exercice 1901, se sont élevés à (A).. 3,747,661ᶠ 18ᶜ

Mais, des non-valeurs ayant été admises pour.............................. "

le produit à réaliser pendant l'exercice 1901 s'est élevé à..................... 3,747,661 18

Sur cette somme, les amendes ont laissé un solde non recouvré, à la charge des contrevenants, et qui a été reporté à l'exercice 1902, de.................. "

En sorte que les recouvrements effectués pendant l'exercice 1901 ont été de (B). 3,747,661 18

Ils se résument ainsi qu'il suit :

Produit net des taxes des correspondances postales................ 3,257,415ᶠ 95ᶜ		
Droits perçus sur les { Mandats français......... 443,546ᶠ 72ᶜ { Mandats internationaux.... 23,135 53 } 466,682 25		3,747,661ᶠ 18ᶜ
Droits perçus sur les bons de poste........................... 3,983 00		
Recettes diverses et accidentelles........................... 19,579 98		

2° PRODUITS DES TÉLÉGRAPHES.

Développements administratifs sur les produits des télégraphes.

Résumé des produits des télégraphes de l'exercice 1901.

Les divers produits des taxes de la télégraphie privée se composent :

1° Du produit des taxes perçues dans les bureaux télégraphiques. Ce produit s'est élevé, pendant l'exercice 1901, à 1,533,709 fr. 61 cent. pour 1,881,779 dépêches expédiées ;

2° Des contributions pour droits d'usage et frais d'entretien de lignes télégraphiques d'intérêt privé. Ce produit s'est élevé à 30,364 fr. 72 cent.

3° Des recettes diverses et accidentelles, qui forment pour 1901 un total de 33,430 fr. 52 cent.

(A) Voir le détail état A, pages 92 et 93.
(B) Voir le détail état A, pages 92 et 93.

Les droits et produits constatés pendant l'exercice 1901, ont été de (A) 1,617,409ʳ 85ᶜ

Sur cette somme, il reste un solde non recouvré, reporté à l'exercice 1902, de. //

En sorte que les recouvrements effectués pendant l'exercice 1901 ont été de. 1,617,409 85

Ils se résument ainsi qu'il suit :

Produit net des taxes des correspondances télégraphiques 1,533,709ʳ 61ᶜ

Remboursement par divers établissements du traitement d'agents du service postal et télégraphique 19,905 00

Contribution pour droits d'usage et frais d'entretien de lignes télégraphiques et téléphoniques d'intérêt privé 30,364 72

Recettes diverses et accidentelles 33,430 52

TOTAL 1,617,409 85

3° PRODUITS DES TÉLÉPHONES.

Mode
de comptabilité.

Les opérations téléphoniques sont comprises dans la comptabilité des receveurs des postes et des télégraphes et soumises aux prescriptions réglementaires de ce service.

Les divers produits téléphoniques se résument ainsi qu'il suit :

Résumé
des produits
téléphoniques
de
l'exercice 1901.

1° Produit des conversations téléphoniques 21,279ʳ 40ᶜ

2° Produit des abonnements urbains et interurbains. 128,668 74

3° Produits des abonnements pour la transmission des télégrammes par téléphone . //

4° Recettes diverses et accidentelles 958 81

TOTAL 150,906 95

Considérés dans leur ensemble, les produits téléphoniques présentent, pour l'exercice 1901, les résultats suivants :

Les droits et produits constatés ont été de (B) 150,906ʳ 95ᶜ

Sur cette somme, il reste un solde non recouvré, reporté à l'exercice 1902, de. .. //

en sorte que les recouvrements effectués pendant l'exercice 1901 s'élèvent à. 150,906 95

(A) Voir le détail, état A, pages 98 et 99.
(B) Voir le détail, état A, pages 100 et 101.

Tableau des Droits et Produits constatés et recouvrés sur les Produits des Postes, pendant l'exercice 1901.

DÉSIGNATION DES PRODUITS	DROITS CONSTATÉS			RECOUVREMENTS effectués pendant l'exercice 1901.	RESTES À RECOUVRER REPORTÉS À L'EXERCICE 1902.		TOTAL.	OBSERVATIONS.
	droits constatés pendant l'exercice 1901.	à déduire les droits et produits constatés admis en non-valeur.	reste en droits et produits constatés pour l'exercice 1901.		droits et produits constatés mis à la charge des comptables.	droits et produits constatés à recouvrer sur les débiteurs.		
	fr. c.	fr. c.	fr. c.	fr. c.	fr. c.	fr. c.	fr. c.	
...uit des taxes des correspondances postales	3,257,415 96	»	3,257,415 96	3,257,415 96	»	»	»	
...perçus sur les mandats français et internationaux	466,682 25	»	466,682 25	466,682 25	»	»	»	
...perçus sur les bons de poste	3,983 00	»	3,983 00	3,983 00	»	»	»	
...diverses et accidentelles	19,579 08	»	19,579 96	19,579 96	»	»	»	
Totaux	3,747,661 18	»	3,747,661 18	3,747,661 18	»	»	»	

Développement, par Département, des Recouvrements effectués ... *r les Produits des Postes, pendant l'exercice 1901.*

DÉPARTEMENTS.	PRODUIT NET de LA TAXE des lettres, journaux, et imprimés de toute nature et valeurs cotées et non cotées.	DROIT PERÇU sur les envois d'argent.	DROIT PERÇU sur les abonnements de poste.	RECETTES diverses et accidentelles.	TOTAL.	OBSERVATIONS.
	fr. c.	fr. c.	fr. c.	fr. c.	fr. c.	
Alger	1,491,814 81	122,535 [illegible]	1,741 00	17,340 42	1,683,734 56	
Constantine	838,272 87	142,607 05	1,074 25	1,030 50	981,594 56	
Oran	933,325 47	145,835 [illegible]	1,167 75	1,209 00	1,062,543 12	
Totaux	3,257,415 05	466,035 [illegible]	3,983 00	19,579 08	3,747,091 18	
Virements de comptes À ajouter						
Virements de comptes À déduire						
Totaux généraux	3,257,415 95	466,035 95	1,983 00	19,373 93	3,747,661 16	

Développement, par nature, des Droits et Produits des Postes recouvrés, pendant l'exercice 1901.

ÉTAT C.

1° Produit de la taxe des Lettres, des Journaux et Imprimés et des Chargements.

DÉSIGNATION DES PRODUITS.	RECETTES.
	fr. c.
Produit brut.	
ur brute des timbres-poste	3,096,300 00
ur brute des cartes postales, cartes-lettres, enveloppes et bandes timbrées	83,058 00
ets d'identité	15 00
ur des chiffres-taxes	64,350 50
nchissements de journaux, imprimés, échantillons et papiers d'affaires pour l'intérieur	8,151 09
ranchissements de journaux et écrits périodiques pour l'intérieur expédiés à la dernière limite d'heure	67,403 07
ts de poste perçus à l'occasion de l'instruction des affaires criminelles et correctionnelles	30 00
ements en recette prononcés en vérification	77 10
ements en recette prononcés en revision	»
Total du produit brut	3,300,356 76
Non-valeurs à déduire du produit brut.	
is	5,119 25
res réexpédiées, etc.	1,388 24
es et réductions de taxes	161 15
tant des bulletins d'épargne et des bulletins-retraite déposés comme versements aux guichets des bureaux de poste	1,027 02
ise de 1 p. 0/0 accordée sur la vente des timbres-poste, des cartes postales, etc.	31,803 39
évements : Montant, déduction faite de la remise de 1 p. 0/0, des figurines détériorées retirées du service	335 88
évements : Correspondances officielles à destination de l'étranger	56 24
évements : Journal officiel	3,045 24
évements : prononcés en vérification	0 60
évements : prononcés en revision	3 20
Total des non-valeurs	42,940 81
Résultats :	
La recette brute est de	3,300,356 76
Les rectifications et non-valeurs montent à	42,940 81
Reste pour le produit net réalisé par les receveurs des postes et des télégraphes	3,257,415 95
À ajouter : Droits de poste perçus à l'occasion des affaires criminelles et correctionnelles	»
À déduire : Timbres-poste affectés aux bulletins d'épargne	»
Reste pour le produit net	3,257,415 95

ÉTAT C.

2° Droits perçus sur les envois d'argent.

MANDATS FRANÇAIS.

Le nombre des dépôts d'articles d'argent faits pendant l'année 1901 a été de 1,163,279. Ils se sont élevés à la somme de 186,849,849 fr. 01.

Le taux moyen de chaque dépôt a été de 160 fr. 45.

Le droit revenant à l'État s'est élevé, en 1901 (forts centimes compris), à 443,546f 72c

MANDATS INTERNATIONAUX.

Le droit sur ces mandats s'est élevé à 23,135 53

Total 466,682 25

3° Recettes diverses et accidentelles.

DÉSIGNATION DES RECETTES.	SOMMES.
Amendes pour contraventions à la législation sur les postes	770f 00c
Produit de la vente de documents relatifs au service des postes	»
Recettes accidentelles	539 44
Recettes diverses et accidentelles. (Exécution de l'Instruction n° 375.)	18,270 54
Versement pour perte de valeur déclarée	»
Total	19,579 08

ÉTAT A.

Tableau des Droits constatés et recouvrés sur les Produits des Télégraphes pendant l'exercice 1901.

ÉTAT A.

DÉSIGNATION DES PRODUITS.	DROITS CONSTATÉS.			RESTES À RECOUVRER REPORTÉS À L'EXERCICE 1902.				OBSERVATIONS.
	DROITS CONSTATÉS pendant l'exercice 1901.	À DÉDUIRE les droits et produits constatés admis en non-valeur.	Reste en droits et produits constatés pour l'exercice 1901.	RECOUVREMENTS effectués pendant l'exercice 1901.	Droits et produits constatés mis à la charge des comptables.	Droits et produits constatés à recouvrer sur les débiteurs.	TOTAL.	
	fr. c.	fr. c.	fr. c.	fr. c.	fr. c.	fr. c.	fr. c.	
Produit net des taxes des correspondances télégraphiques..........	1,533,709 51	»	1,533,709 81	1,533,709 51	»	»	»	
Remboursements par divers établissements de traitements d'agents du service postal et télégraphique..	10,905 00	»	10,905 00	10,905 00	»	»	»	
Contributions pour droits d'usage et frais d'entretien de lignes télégraphiques et téléphoniques d'intérêt privé.	38,364 72	»	38,364 72	38,364 72	»	»	»	
Recettes diverses et accidentelles............	33,430 52	»	33,430 52	33,430 52	»	»	»	
Totaux............	1,617,409 85	»	1,617,409 85	1,617,409 85	»	»	»	

Développement, par département, des Recouvrements effectués sur les Produits des Télégraphes pendant l'exercice 1901.

ÉTAT B.

ÉTAT B.

DÉPARTEMENTS.	PRODUIT NET des taxes des correspondances télégraphiques.	REMBOURSEMENT par divers établissements du traitement d'agents du service postal et télégraphique.	CONTRIBUTIONS pour frais d'entretien de lignes télégraphiques d'intérêt privé.	RECETTES diverses et accidentelles.	TOTAL.	OBSERVATIONS.
	fr. c.	fr. c.	fr. c.	fr. c.	fr. c.	
Alger.................	616,701 50	19,903 00	12,745 60	3,572 31	632,924 50	
Constantine..........	428,035 01	»	8,225 57	8,064 60	444,321 58	
Oran.................	488,973 10	»	9,393 46	20,131 92	518,498 48	
Totaux............	1,533,709 61	19,905 00	30,364 72	31,768 23	1,595,747 38	
Virements de comptes { À ajouter............	»	»	»	1,602 29	1,662 29	
À déduire............	»	»	»	»	»	
Totaux définitifs............	1,533,709 61	19,905 80	30,364 72	33,430 52	1,617,409 85	

Tableau des droits constatés et recouvrés sur les Produits des Téléphones, pendant l'exercice 1901.

DÉSIGNATION DES PRODUITS.	DROITS CONSTATÉS.			RECOUVREMENTS effectués pendant l'exercice 1901.	RESTES À RECOUVRER REPORTÉS À L'EXERCICE 1902.			OBSERVATIONS.
	droits constatés pendant l'exercice 1901.	à déduire les droits et produits constatés admis en non-valeur.	reste en droits et produits constatés pour l'exercice 1901.		droits et produits constatés mis à la charge des comptables.	droits et produits constatés à recouvrer sur les débiteurs.	TOTAL.	
	fr. c.	fr. c.	fr. c.	fr. c.	fr. c.	fr. c.	fr. c.	
...t des conversations téléphoniques	21,270 40	»	21,270 60	21,270 40	»	»	»	
...t des abonnements urbains et interurbains	128,668 74	»	128,668 74	128,668 74	»	»	»	
...t des abonnements pour la transmission des télégrammes par téléphone	»	»	»	»	»	»	»	
...es diverses et accidentelles	958 81	»	958 81	958 81	»	»	»	
Total	150,906 95	»	150,906 95	150,906 95	»	»	»	

Développement, par département, des Recouvrements effectués sur les Produits des Téléphones, pendant l'exercice 1901.

ÉTAT B.

DÉPARTEMENTS.	PRODUITS des TÉLÉPHONES.	OBSERVATIONS.
	fr. c.	
Alger	83,912 15	
Constantine	15,074 70	
Oran	51,920 10	
TOTAUX	150,906 95	
Virements de comptes { À ajouter	»	
Virements de comptes { À déduire	»	
TOTAUX GÉNÉRAUX	150,906 95	

§ 3. — PRODUITS ET REVENUS DU DOMAINE DE L'ÉTAT.

1° Produits du domaine autre que le domaine forestier.

2° Produits des forêts.

(Voir les tableaux, page 108.)

1° PRODUITS DU DOMAINE AUTRE QUE LE DOMAINE FORESTIER

Résultats de l'exercice : ÉTAT A. Droits constatés, non-valeurs recouvrements, droits restés à recouvrer.
— ÉTAT B. Développement des recettes par département.

(Pages 108 à 111.)

Les produits du Domaine se divisent en deux classes :

Les uns sont liquidés, constatés et recouvrés simultanément; pour les autres, il s'écoule un délai entre la liquidation et le recouvrement.

Les droits et produits de la première classe appartiennent à l'exercice qui prend son nom de l'année pendant laquelle ils sont tout à la fois constatés, liquidés et recouvrés, ceux de la seconde s'appliquent à l'exercice auquel donne son nom l'année dans le cours de laquelle ils ont été constatés et liquidés ou sont devenus exigibles, soit qu'ils se recouvrent dans cette même année, soit que la recette en soit faite dans les six premiers mois de l'année suivante.

La constatation des droits et produits payables comptant résulte des registres mêmes qui en présentent la recette; celle des droits et produits dont le payement n'est pas immédiat résulte de sommiers, sur lesquels les receveurs les consignent successivement, et où ils figurent, par nature, dans des colonnes ouvertes à cet effet. Cette consignation a lieu au fur et à mesure de la remise des titres ou de l'exigibilité des créances de l'État sur les redevables.

Ces sommiers sont soumis à une vérification approfondie des vérificateurs et inspecteurs chargés de la surveillance des receveurs, qui doivent s'assurer que chaque article est porté avec exactitude sur le sommier, que les droits et produits sont exigibles et qu'ils sont inscrits dans les colonnes qui leur sont destinées.

Les recouvrements opérés sur ces droits et produits sont portés sur des registres également vérifiés par les employés supérieurs.

En fin d'année, les receveurs forment l'état des droits et produits constatés pendant l'année écoulée. Cet état est certifié et arrêté par le directeur, et sert de base et de justification aux comptes de gestion.

Le compte de la première année de l'exercice présente les droits et produits constatés, les droits recouvrés et ceux qui restent à recouvrer à l'expiration de cette année.

Le compte de la deuxième année de l'exercice indique : 1° les restes à recouvrer au 1ᵉʳ janvier sur les droits et produits constatés ; 2° le montant des droits et produits constatés qui, par suite de remises ou modérations accordées aux redevables, de l'insolvabilité dûment justifiée des débiteurs, ou pour toute autre cause, ont été reconnus irrécouvrables dans le cours de l'exercice et admis en non-valeur à la décharge des comptables ; 3° le montant des droits et produits mis à la charge de ces préposés, ou recouvrables sur les parties, à reporter à l'exercice courant ; et 4" enfin, les droits réalisés jusqu'à l'époque de la clôture de l'exercice (1).

Les directeurs dans les départements arrêtent, au vu des pièces produites par les receveurs, les états des articles irrécouvrables tombés en non-valeur et ceux des articles qui, quoique susceptibles de recouvrement, n'ont pu être apurés dans le cours de l'exercice et sont à reporter à l'exercice suivant.

L'état des articles à mettre à la charge des comptables, pour cause de négligence dans le recouvrement, est aussi dressé par les directeurs ; mais l'Administration statue en premier ressort sur cette responsabilité, et ses décisions sont soumises à l'approbation du Ministre.

Ces divers états, avec toutes les pièces justificatives des articles admis en non-valeur, sont produits par les receveurs à l'appui de leurs comptes à la Cour des comptes, qui statue par ses arrêts sur la régularité des décharges.

Produits recouvrés pendant l'exercice 1901.

L'état définitif des droits et produits constatés pour l'exercice 1901, s'est élevé à (A)... 1,932,785ᶠ 41ᶜ

A déduire pour les droits et produits qui ont été admis en non-valeur........ 2,883 74

Reste pour les droits et produits susceptibles de recouvrement.............. 1,929,901 67
Il a été recouvré pendant la durée de l'exercice....................... 1,598,872 84

Il restait donc à recouvrer à l'expiration de l'exercice.................... 331,028 83

Cette somme a été reportée à l'exercice 1902.

(1) Même observation que page 31.

(A) Voir le détail, état A, pages 108 et 109.

2° PRODUITS DES FORÊTS.

Résultat de l'exercice : État A. Droits constatés, recouvrements, droits restés à recouvrer. — État B. Développement des recettes par département.

(Pages 112 à 115.)

Le compte définitif publié pour les produits des forêts de l'exercice 1901 en Algérie se compose des documents ci-après :

1° Un tableau général présentant, par nature de recette, l'ensemble des produits ordinaires des forêts constatés à la charge des redevables de l'État ; ceux de ces produits qui, par suite de remises ou modérations accordées aux redevables, de l'insolvabilité dûment justifiée des débiteurs, ou pour toute autre cause, ont été reconnus irrécouvrables dans le cours de l'exercice et admis en non-valeur à la décharge des comptables ; ceux qui ont été recouvrés pendant l'exercice ; et enfin ceux qui, n'ayant pas été recouvrés à sa clôture, ont été reportés à l'exercice 1902, soit comme étant mis à la charge des receveurs responsables, soit pour en suivre la rentrée contre les débiteurs ;

2° Un état de développement, par province, des produits ordinaires réalisés pendant la durée de l'exercice.

Le tableau et l'état indiqués ci-dessus comprennent, en outre, les produits affectés aux travaux des routes forestières, au reboisement et au gazonnement des montagnes, ainsi que le produit des anciennes concessions de chênes-lièges.

Principal des coupes et charges additionnelles.

Les coupes de bois à faire dans les forêts de la colonie sont ordinairement adjugées dans les mois de septembre et octobre de chaque année.

Le prix des coupes ainsi adjugées appartient à l'exercice qui prend sa désignation de *l'année pendant laquelle les ventes ont eu lieu.*

Les conditions générales des adjudications sont déterminées par un cahier des charges rédigé par l'Administration des eaux et forêts, et approuvé par le Gouverneur général de l'Algérie.

Indépendamment du prix principal d'adjudication, les adjudicataires doivent payer :

1° 1.60 p. o/o du montant de l'adjudication (c'est-à-dire du prix principal de l'adjudication augmenté de la valeur des charges), tant pour les droits fixes de timbre et d'enregistrement que pour tous autres frais ;

2° Le droit fixe afférent au certificat de caution lorsqu'il y a lieu ;

3° Les droits proportionnels d'enregistrement sur le montant de l'adjudication augmenté du 1.60 p. o/o.

Dans les *cinq jours* qui suivent le jour de la vente des coupes ordinaires et extraordinaires, des coupes vendues après façonnage et des bois provenant d'exploitations accidentelles, il est remis aux

Compte définitif des recettes de l'Algérie. — 1901.   14

Documents
dont
se compose
le compte.

Mode
de liquidation
et de
recouvrement
des produits
des forêts.

receveurs des domaines, par l'agent supérieur qui a présidé l'adjudication, une expédition complète des procès-verbaux d'adjudication, sur papier visé pour timbre. Ces procès-verbaux forment le titre en vertu duquel les receveurs opèrent le recouvrement du prix de vente et exercent les poursuites, s'il y a lieu.

Le prix de vente est payé à terme ou au comptant, à la caisse des Receveurs des Domaines.

En ce qui concerne le prix des coupes vendues par unité de marchandises, l'encaissement n'a lieu qu'après le dénombrement des produits, au vue d'une expédition du procès-verbal constatant cette opération, expédition qui sert de titre de recouvrement.

Produits accessoires.

Indépendamment de la charge additionnelle d'un franc soixante centimes pour cent pour frais d'adjudication, du produit des coupes vendues par unité de marchandises ou après façonnage, du prix de vente des bois provenant des exploitations accidentelles n'apportant aucune modification à l'importance ou à l'assiette des coupes annuelles et de la contribution dont il est parlé plus loin, les receveurs des domaines se trouvent, en outre, chargés du recouvrement des menus produits des forêts, du prix de la location de la chasse; du prix de la location de la pêche dans les étangs et cours d'eau non navigables dépendant du domaine privé de la colonie; des restitutions, dommages-intérêts et frais dans les instances civiles; du prix des cessions de terrains, effectuées aux Compagnies des chemins de fer, aux départements et aux communes pour cause d'utilité publique; des salaires remboursés par les copropriétaires, usagers et autres.

Contribution des communes et des établissements publics pour frais de régie de leurs bois.

Le recouvrement de la contribution des communes et des établissements publics pour frais d'administration de leurs bois a lieu également par les receveurs des Domaines.

Aux termes des articles 5 de la loi du 25 juin 1841, 14 de la loi du 14 juillet 1856 et 11 de la loi du 29 mars 1897, la contribution consiste en une taxe qui est fixée à 5 p. o/o du prix de vente des produits principaux et au vingtième de la valeur de ces mêmes produits délivrés en nature, sans toutefois que la somme à rembourser par chaque commune ou établissement public puisse dépasser annuellement 1 franc par hectare de la contenance totale des bois lui appartenant.

Pour appliquer cette taxe aux coupes périodiques vendues ou délivrées, les prix de vente ou d'estimation de ces coupes sont divisés en autant de parts égales qu'il y a d'années dans la période et chaque part est rattachée fictivement à l'exercice en cours et aux exercices antérieurs.

Elle est acquittée, conformément aux dispositions de la décision ministérielle du 11 juillet 1857, par les receveurs des communes et des établissements publics, que les produits soient délivrés ou vendus.

La valeur des produits délivrés est fixée définitivement par le Gouverneur général de l'Algérie sur les propositions des agents forestiers, les observations des conseils municipaux et des administrateurs des établissements publics et l'avis des préfets.

Les droits liquidés sur les produits ordinaires des forêts pendant l'exercice 1901, s'élèvent, en ce qui concerne les produits ordinaires, à [A] .... $2,391,208^f 41^c$

A DÉDUIRE, pour les droits et produits qui ont été admis en non-valeur. 205 53

RESTE pour les droits et produits susceptibles de recouvrement...... 2,391,002 88

Il a été recouvré pendant la durée de l'exercice. 2,212,226 38

Il restait donc à recouvrer à l'époque de sa clôture 178,776 50

Cette somme de 178,776 fr. 50 a été reportée à l'exercice 1902.

[A] Voir le détail, état A, pages 112 et 113.

ÉTAT A. *Tableau des droits et Produits constatés et recouvrés sur les Produits et revenus du domaine, pour l'exercice 1901.*

DÉSIGNATION DES DROITS ET PRODUITS	DROITS CONSTATÉS			Recouvrements effectués pendant l'exercice 1901.	RESTES À RECOUVRER reportés à l'exercice 1902.			OBSERVATIONS
	Droits constatés pendant l'exercice 1901.	À déduire les droits et produits constatés admis en non-valeur.	Reste en droits et produits à recouvrer pour l'exercice 1901.		Droits et produits constatés mis à la charge des comptables.	Droits et produits constatés à recouvrer sur les débiteurs.	TOTAL.	
	fr. c.	fr. c.	fr. c.	fr. c.	fr. c.	fr. c.	fr. c.	
PRODUIT DU DOMAINE AUTRE QUE LE DOMAINE FORESTIER.								(a) Déduction faite d'une somme de 182,318 fr. 87 par comptes.
Revenus — du domaine public. Concessions temporaires pour exploitations de pêcheries maritimes	853 35	51 80	781 55	781 55	»	»	»	
Concessions temporaires pour tout objet	122,054 58	1,115 68	120,938 90	120,247 85	»	691 05	691 05	
du domaine militaire	85,846 93	688 58	85,158 35	83,554 87	»	1,603 48	1,603 48	
Autres revenus de toute nature	772,600 55	714 18	771,958 37	754,158 47	»	17,793 90	17,793 90	
Redevances pour concessions de chutes d'eau	35,265 42	381 40	35,384 02	35,385 73	»	508 29	508 29	
Produits des biens des corporations musulmanes. Loyers et fermages, arrérages et rachats	4,480 00	»	4,480 00	4,480 00	»	»	»	
Recouvrements de rentes et créances	90,073 83	32 10	89,981 73	79,935 28	»	10,046 45	10,046 45	
Produit de l'exploitation des établissements agricoles régis ou affermés par l'État.	3,285 91	»	3,285 91	3,285 91	»	»	»	
Aliénations — d'objets mobiliers (Voir le développement ci-dessous). (*)	19,750 33	»	19,750 33	(A) 20,755 33	»	»	»	
d'immeubles	658,709 09	»	658,709 09	359,461 96	»	298,875 31	298,875 31	
Successions et déshérences	89,928 72	»	89,928 72	89,928 72	»	»	»	
Épaves et biens vacants	24,576 95	»	24,576 95	24,380 00	»	210 05	210 05	
Recouvrements des sommes mises à la charge des communes, à l'occasion de la vente ou du changement d'affectation des biens provenant de cessions de l'État	4,304 25	»	4,304 25	4,096 85	»	1,207 30	1,207 30	
Versement effectué par la ville d'Alger, en exécution de la convention du 27 novembre 1891 approuvée par la loi du 23 mars 1893	»	»	»	»	»	»	»	
Produit de la vente d'immeubles affectés à la réorganisation de l'installation des services militaires en Algérie. (Loi du 2 janvier 1890.)	»	»	»	»	»	»	»	
Total	1,022,785 41	2,383 74	1,020,901 67	1,308,575 84	»	351,028 83	351,028 83	

(*) **DÉVELOPPEMENT DES ALIÉNATIONS D'OBJETS MOBILISÉS.**

DÉSIGNATION	Droits constatés pendant l'exercice 1901.		TOTAL.
Gouvernement général de l'Algérie	»	»	»
Service du Trésor et des administrations financières	7,273 60	»	7,273 60
Service de la justice	192 50	»	192 50
Service de l'intérieur	3,273 15	»	3,273 15
Régie financière	88 40	»	88 40
Service de l'instruction publique	»	»	»
Service des beaux-arts	223 24	»	223 24
Service du commerce et de l'industrie	»	»	»
Service des postes et des télégraphes	2,596 17	»	2,596 17
Service de l'agriculture	1,429 70	»	1,429 70
Service des travaux publics	3,294 20	»	3,294 20
Service de la guerre [illegible]	1,236 05	»	1,236 05
Total	20,585 83	»	20,585 83

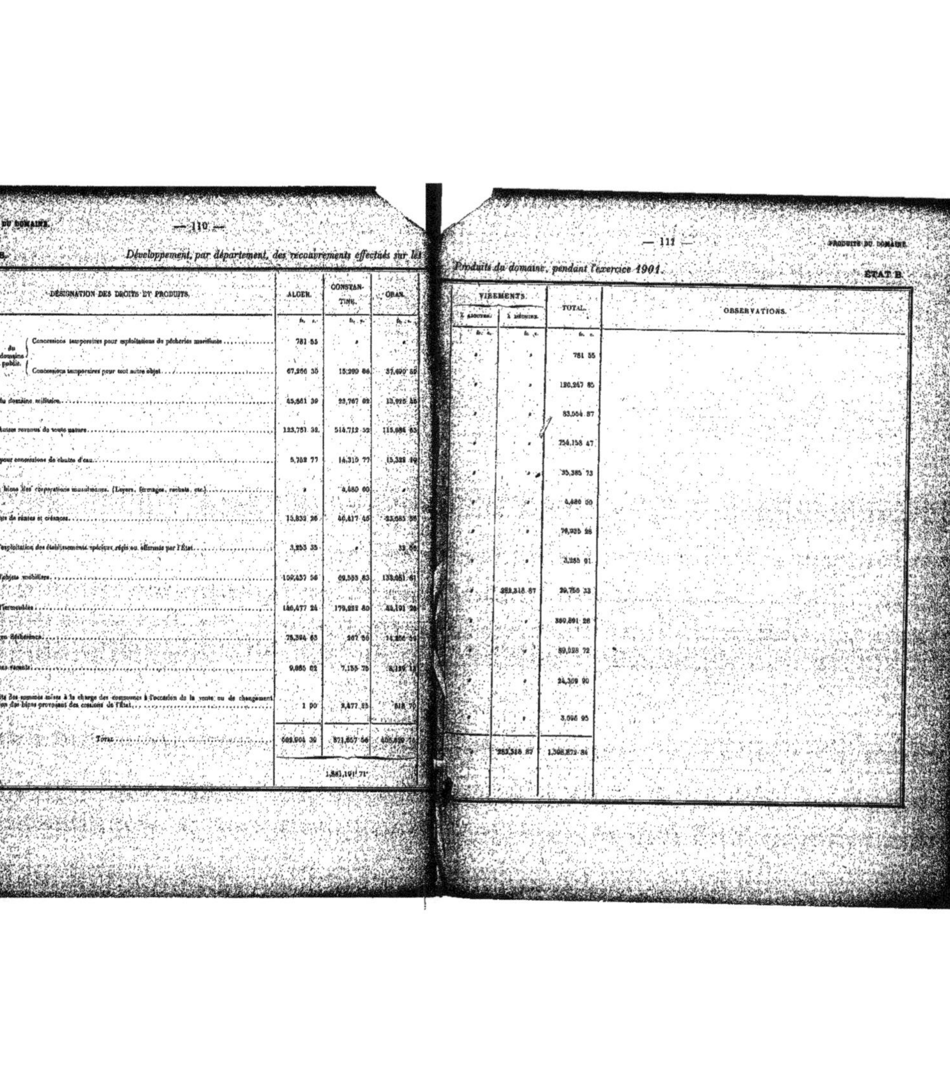

DÉSIGNATION DES DROITS ET PRODUITS.	ALGER.	CONSTAN-TINE.	ORAN.	VIREMENTS à ajouter.	VIREMENTS à déduire.	TOTAL.	OBSERVATIONS.
	fr. c.	fr. c.	fr. c.	fr. c.	fr. c.	fr. c.	
(du domaine public) Concessions temporaires pour exploitations de pêcheries maritimes	781 55	»	»		»	781 55	
Concessions temporaires pour tout autre objet	67,266 35	15,290 66	37,690 89		»	120,247 85	
du domaine militaire	45,561 39	23,767 02	13,925 46		»	83,554 87	
Autres revenus de toute nature	123,751 32	514,712 52	115,685 63		»	754,158 47	
...ces pour concessions de chutes d'eau	5,752 77	14,310 77	15,322 19		»	35,385 73	
...des biens des corporations musulmanes. (Loyers, fermages, rachats, etc.)	»	4,480 60	»		»	4,480 60	
...ment de rentes et créances	15,832 26	40,417 45	33,085 55		»	76,335 26	
de l'exploitation des établissements spéciaux régis ou affermés par l'État	3,253 35	»	32 56		»	3,255 91	
...d'objets mobiliers	109,437 56	62,553 83	133,051 61		252,318 87	29,758 33	
...d'immeubles	146,477 24	179,222 80	44,191 22		»	389,891 26	
...ans en déshérence	75,394 63	207 56	14,256 53		»	89,028 72	
...et biens vacants	9,065 02	7,155 75	8,120 13		»	24,309 90	
...ment des sommes mises à la charge des communes à l'occasion de la vente ou de changement d'affectation des biens provenant des cessions de l'État	1 90	3,477 25	818 70		»	3,096 95	
TOTAL	603,904 30	871,857 56	405,829 78		252,318 87	1,308,872 84	
		1,881,191 71					

ÉTAT A. *État général des droits constatés et des recouvrements effectués sur les Produits des Forêts, pendant l'exercice 1901.*

DÉSIGNATION DES DROITS ET DES PRODUITS.	DROITS CONSTATÉS. Droits constatés pendant l'exercice 1901.	DROITS CONSTATÉS. À déduire les droits et produits constatés admis en non-valeurs.	DROITS CONSTATÉS. Reste en droits et produits à recouvrer pour l'exercice 1901.	Recouvrements effectués pendant l'exercice 1901.	RESTES À RECOUVRER REPORTÉS À L'EXERCICE 1902. Droits et produits constatés mis à la charge des comptables.	RESTES À RECOUVRER REPORTÉS À L'EXERCICE 1902. Droits et produits constatés à recouvrer sur les débiteurs.	RESTES À RECOUVRER REPORTÉS À L'EXERCICE 1902. Total.	OBSERVATIONS.
	fr. c.	fr. c.	fr. c.	fr. c.		fr. c.	fr. c.	
PRODUITS DES COUPES DE BOIS.								
Coupes ordinaires et extraordinaires, vendues sur pied en bloc, par unité de marchandises ou après façonnage, exploitations accidentelles, chablis, bois de délit, abatage sur tracés de routes, etc., avec ou sans précomptage sur la possibilité. — Frais d'adjudication relatifs à ces ventes, à raison de 1 fr. 60 p. 0/0 du montant de l'adjudication. — Cessions amiables de produits en bois autres que ceux dont le prix est réglé par virement de comptes	343,139 48	10 53	343,128 95	173,961 47	»	169,167 48	169,167 48	
Produits de ventes de lièges, y compris le 1 fr. 60 p. 0/0	1,929,677 64	»	1,929,677 64	1,929,677 64	»	»	»	
	2,272,817 12	10 53	2,272,806 59	2,103,639 11	»	169,167 48	169,167 48	
Redevances annuelles de concessions pour 90 ans des forêts de chênes-lièges (décret du 28 mai 1862)	712 93	»	712 93	712 93	»	»	»	
PRODUITS ACCESSOIRES.								
Chasse dans les forêts de l'État	16,558 07	»	16,558 07	16,098 07	»	460 00	460 00	
Menus produits, harts, bourdaine, plants, fruits, semences, herbes, minerai, terre, pierre, sables, pâturage, pacage, panage, alfa, etc.	87,212 62	185 00	87,027 62	77,878 60	»	9,149 02	9,149 02	
Restitutions, dommages-intérêts et frais dans les instances civiles concernant les bois de l'État	59 25	»	59 25	59 25	»	»	»	
Frais des adjudications concernant les forêts, autres que les adjudications des produits en bois	54 65	»	54 65	54 65	»	»	»	
Recouvrements des frais d'administration des bois des communes et des établissements publics	381 05	»	381 05	381 05	»	»	»	
Produits divers et imprévus, redevances, indemnités de toute nature pour objets appartenant au sol forestier ou attribués au domaine de l'État (produits des forêts à l'occasion de la gestion)	13,302 27	10 00	13,292 27	13,292 27	»	»	»	
	117,567 91	195 00	117,372 91	107,763 89	»	9,609 02	9,609 02	
Produits réglés par virements de comptes	110 45	»	110 45	110 45	»	»	»	
TOTAL des Produits des forêts	2,391,208 41	205 53	2,391,002 88	2,212,226 38	»	178,776 50	178,776 50	

Développement, par département, des recouvrements effectués sur les Produits des Forêts, pendant l'exercice 1904.

ÉTAT B

DÉPARTEMENTS	FRAIS transactionnels concernant les délits, autres que les adjudications de produits en bois.	CHASSE dans ... de l'État.	MENUS produits (herbe, bruyères, glands, fruits, ...).	RESTITUTIONS ... dans les instances ... comprenant les bois de l'État.	RECOUVREMENTS sur frais d'administration des bois des communes et les établissements publics.	PRODUITS autres et imprévus, redevances, indemnités de toute nature ... (produits des droits à l'exercice de la gestion).	Coupes ordinaires et extraordinaires ... (TITRES SPÉCIAUX À L'ALGÉRIE)	Produit de vente de chêne-liège, y compris la ... de p. o/o.	REDEVANCES annuelles des concessions ... des forêts de chêne-liège. (Décret du 16 mai 1862.)	PAR TISEMENTS ... compris.	TOTAL
					7	8	9	10	11	12	13
…………	»	6,785 57	9,089 20	»	359 05	2,504 64	15,155 36	351,358 62	»	»	396,143 42
…………	»	1,925 92	17,394 24	»	»	16,538 13	126,111 77	1,521,594 28	712 93	»	1,687,368 27
…………	54 65	8,285 84	48,814 12	69 25	22 00	249 58	32,694 38	46,734 74	»	»	128,609 38
	54 65	16,998 07	77,878 60	69 25	381 05	13,292 27	173,981 47	1,929,677 64	712 93	»	2,212,115 03
À quérir …………	»	»	»	»	»	»	»	»	»	110 45	110 45
À déduire …………	»	»	»	»	»	»	»	»	»	»	»
	54 65	16,998 07	77,878 60	69 25	381 05	13,292 27	173,981 47	1,929,677 64	712 93	110 45	2,212,225 48

§ 4. — PRODUITS DIVERS DU BUDGET.

(Voir les tableaux, pages 120 à 122.)

sultats de l'exercice : ÉTAT A. Droits constatés, non-valeurs, recouvrements, droits restés à recouvrer. — ÉTAT B. Développement des recettes par département.

Produit de la taxe des brevets d'invention en Algérie. — Les personnes qui font la demande de brevets
invention sont assujetties au payement d'une taxe perçue au profit de la colonie. En outre, la déli-
nce des expéditions de brevets, non compris la première, qui est délivrée gratuitement, donne lieu
payement d'un droit spécial; une *taxe* particulière est exigée de ceux qui demandent des certificats
ddition et de perfectionnement. Les divers produits de cette origine étaient laissés autrefois à la dis-
sition du Ministère de l'intérieur, qui les employait en dehors du contrôle des assemblées législatives;
is la loi de finances du 28 juin 1833 les a réunis aux ressources de l'État et classés parmi les
oduits *divers du budget*, compte dans lequel ils continuent à figurer dans le budget spécial de l'Algérie,
oi du 19 décembre 1900.)

Reversements de fonds sur des dépenses des Ministères. — Les recettes portées à ce titre aux Produits
ers du budget représentent les sommes versées dans les caisses des comptables des finances en
érie qui n'ont pas fait retour au crédit des divers services budgétaires de la colonie, soit que, par
e de leur origine, elles ne soient pas susceptibles d'être reprises, soit que le Gouvernement général
n ait pas demandé le rétablissement à son profit. Elles résultent principalement de sommes payées en
p à des créanciers de l'Algérie et d'excédents non employés sur des avances faites pour des services
is par économie. Parmi les recettes de cette nature figure encore le prix de denrées et d'objets sortant
magasins du Gouvernement général et cédés à divers services publics à charge de remboursement.

Revenus et produits accidentels spéciaux à l'Algérie. — En exécution du décret du 26 août 1881, on
angé sous ce titre, parmi les *Produits divers du budget*, certaines recettes effectuées par les receveurs
l'enregistrement et des contributions diverses en Algérie, et dérivant de l'organisation et de la légis-
on spéciales à cette colonie. Ces recettes continuent à figurer à ce compte en exécution de la loi du
décembre 1900 qui a créé le budget spécial de l'Algérie. Antérieurement au décret du 26 août 1881,
s étaient classées parmi les *Produits et revenus de l'Algérie*.

Remboursement de frais de contrôle et de surveillance des chemins de fer et des tramways Algérie. — Les assemblées législatives ayant décidé, en votant le budget des recettes de 1842, que frais de police et de surveillance des chemins de fer devraient, jusqu'à ce qu'il en fût ordonné autremer être supportés par les compagnies et non par l'État, il en est résulté qu'une somme égale au cré accordé, sur le budget de la Métropole, au Ministère des travaux publics pour les frais dont il s'a a été ajoutée aux évaluations des recettes du budget. Le Trésor, d'après les informations qu'il reç de ce département, poursuit en conséquence, auprès des compagnies de chemins de fer, le rembou sement de ses avances, et il en constate la recette sous le titre indiqué ci-dessus.

Les lois et décrets qui régissent la matière étant applicables à l'Algérie, le Gouverneur général et Trésorier général de cette colonie sont chargés à partir de l'exercice 1901 d'assurer le recouvreme de ces créances au profit du budget spécial de l'Algérie.

Jusqu'en 1883, le service des frais de contrôle et de surveillance des compagnies de chemin de figurait au budget sur ressources spéciales. La loi du 29 décembre 1883, portant fixation du bud général des recettes et des dépenses de l'exercice 1884, a décidé que désormais la dépense figurerait budget général et que les ressources affectées à cette dépense feraient partie des produits divers de dernier budget, compte auquel elles continuent à figurer au budget spécial de l'Algérie. (Loi 29 décembre 1900.)

Les remboursements des frais de contrôle et de surveillance des tramways en Algérie qui, jusqu' 1899, faisaient l'objet d'un compte distinct, paraissent depuis 1900 sous la présente rubrique.

Produit des maisons centrales de force et de correction en Algérie. — La loi de finances du 19 juil 1845 (art. 10) a rattaché au budget général de l'État toutes les recettes provenant du travail c condamnés détenus dans les maisons centrales de force et de correction et les autres produits pré demment attribués à ces établissements. Ladite loi étant applicable à l'Algérie, il est fait recette budget spécial de cette colonie de la totalité des produits, et il est fait dépense des sommes dont entrepreneurs généraux du service doivent profiter, aux termes de leurs marchés, ainsi que de cel qui doivent former le pécule des détenus. La recette intégrale, dont le versement est fait par les age comptables des établissements pénitentiaires chez le Trésorier général d'Alger ou ses préposés est por aux *Produits divers du budget*, en même temps que les remboursements spécifiés ci-dessus font l'ob de dépenses imputées à un chapitre particulier du budget spécial.

D'autre part, l'art. 13 de la loi du 5 mai 1855 a mis à la charge de l'État, à partir de 1856, les d penses ordinaires des prisons départementales. Dès lors, les divers produits de ces prisons, notamm les cinq dixièmes du travail des détenus, ont dû faire retour au Trésor, qui ne profitait, sous régime précédent, que du produit du travail des condamnés à plus d'un an, les seuls dont la dépe fût supportée par lui.

Les fonds apportés par les détenus à leur entrée dans les maisons centrales et les prisons, ou reç pendant leur détention pour d'autres causes que leur travail, étaient précédemment placés à la Cai des dépôts et consignations. Par application du règlement général du 4 août 1864 sur les prisor ces sommes sont réunies à celles provenant du travail et soumises aux mêmes règles de comptabili

Les opérations de cette nature, qui, avant le budget de 1877, étaient décrites sous le titre : *Prod divers des prisons et établissements pénitentiaires*, font partie du présent compte.

Droit d'extraction des phosphates. — Le décret du 12 octobre 1895, portant réglementation de l'

oitation des phosphates de chaux en Algérie, a établi (art. 14) un droit de 50 centimes par tonne
ur les phosphates expédiés hors de la colonie à toutes destinations. Ce droit, qui est perçu par le ser-
ce des Douanes, est classé parmi les *Produits divers du budget spécial* de l'Algérie.

Les droits et produits constatés pendant l'exercice 1901 ont été de (a)............ 830,881ᶠ 75ᶜ

Sur cette somme, il reste un solde non recouvré reporté à l'exercice 1902, de...   57 07
                                                                                   ____

En sorte que les recouvrements effectués pendant l'exercice 1901 ont été de.....   830,824 68
                                                                                   ____

(a) Voir le détail, État A, pages 120 et 121.

ÉTAT A.

Tableau des droits constatés et des Recouvrements effectués sur les Produits divers du Budget, pendant l'exercice 1901.

ÉT.

ÉSIGNATION DES PRODUITS.	DROITS constatés pendant l'exercice 1901.	DROITS constatés admis en non-valeurs.	RESTE pour droits constatés à recouvrer pendant l'exercice 1901.	RECOUVREMENTS effectués pendant l'exercice 1901.	DROITS restant à recouvrer à la clôture de l'exercice 1901 et qui ont été reportés à l'exercice 1902.	OBSERVATIONS.
	fr. c.	fr. c.	fr. c.	fr. c.	fr. c.	
Produit de la taxe des brevets d'invention en Algérie	5.060 00	»	5.000 00	5.060 00	»	
Revenus et produits accidentels spéciaux à l'Algérie	58.183 64	»	58.183 64	58.126 57	57 07	
Remboursement des frais de contrôle et de surveillance des chemins de fer et des tramways en Algérie	350.188 43	»	350.188 43	350.188 43	»	
Reversements de fonds sur les dépenses des Ministères	16.885 51	»	16.885 51	16.885 51	»	
Produits des maisons centrales de force et de correction en Algérie	255.437 87	»	255.437 87	255.437 87	»	
Droit d'extraction des phosphates	135.126 50	»	135.126 50	135.126 50	»	
Total	830.881 75	»	830.881 75	830.824 68	57 07	

Développement, par département, des Recouvrements effectués sur les Produits divers du Budget, pendant l'exercice 1901.

ÉTAT B.

DÉSIGNATION DES PRODUITS.	DÉPARTEMENTS.			VIREMENTS		TOTAL.	OBSERVATIONS.
	ALGER.	CONSTANTINE.	ORAN.	EN PLUS.	EN MOINS.		
	fr. c.	fr. c.	fr. c.	fr. c.	fr. c.	fr. c.	
Produit de la taxe des brevets d'invention en Algérie. ,.................	3,700 00	600 00	700.00	"	"	5,060 00	
Revenus et produits accidentels spéciaux à l'Algérie.....................	20,292 36	24,856 55	13,977 66	"	"	59,126 57	
Remboursement des frais de contrôle et de surveillance des chemins de fer et des tramways en Algérie.............	220,530 00	920 00	137,738 45	"	0 02	359,188 43	
Reversements de fonds sur les dépenses des ministères.,.................	"	"	"	272,842 86	255,957 05	16,885 81	
Produits des maisons centrales de force et de correction en Algérie..............	110,396 39	144,414 34	626 64	"	"	255,437 37	
Droit d'extraction des phosphates.......	"	135,046 50	80 00	"	"	135,120 50	
TOTAL..............	354,978 75	305,837 39	153,122 75	272,842 86	255,957 07	830,824 68	
	813,938' 89'			16,885' 79'			

§ 6. — RECETTES D'ORDRE.

Recettes en atténuation de dépenses. | **Recettes d'ordre proprement dites.**

(Voir les tableaux, page 131).

RECETTES EN ATTÉNUATION DE DÉPENSES.

Résultats de l'exercice : ÉTAT A. Droits constatés, non-valeurs, recouvrements, droits restés à recouvrer. — ÉTAT B. Développement des recettes par département.

(Pages 132 à 134.)

La loi de finances de 1887 a distrait des recettes périodiques du budget ayant une origine étrangère à l'impôt, aux monopoles et aux autres revenus de l'État, pour les réunir sous la dénomination générique de *Recettes d'ordre*, celles de ces recettes qui balancent en partie ou en totalité des dépenses budgétaires correspondantes, mais qui doivent, comme ces dépenses, figurer pour leur intégralité dans les comptes, afin de satisfaire aux prescriptions de l'article 16 du décret du 31 mai 1862. Ces recettes ont été divisées en deux catégories :

1° Recettes d'ordre en atténuation de dépenses;
2° Recettes d'ordre proprement dites.

A chacune de ces divisions doit correspondre un compte distinct. On va d'abord présenter celui des *Recettes d'ordre en atténuation de dépenses*, c'est-à-dire des recettes périodiques destinées à atténuer des dépenses avec lesquelles elles ont une corrélation, et qui, comme celles-ci, figurent au budget pour leur montant brut.

Cette catégorie de recettes comprend, d'une part, des ressources importantes qui auparavant faisaient partie des *Divers revenus* et ont toujours été l'objet, dans les comptes définitifs des recettes, de comptes particuliers et distincts, et, d'autre part, de produits classés autrefois dans les produits divers du budget.

16.

PRODUITS UNIVERSITAIRES.

Résultats de l'exercice : ÉTAT ANNEXE. Tarif et nomenclature. — ÉTAT a. Droits constatés, non-valeurs, recouvrements, droits restés à recouvrer. — ÉTAT b. Développement des recettes par département. — ÉTAT c. Développement administratif.

(Pages 135 à 139.)

1° ENSEIGNEMENT SUPÉRIEUR.

1° Les lois ou décrets qui ont déterminé la nature et le prix des droits que les étudiants doivent verser en France soit pour l'obtention des grades dont la collation appartient aux établissements d'enseignement supérieur, soit pour les divers exercices scolaires, sont en vigueur en Algérie;

2° Les décrets et arrêtés qui suivent sont relatifs à des droits perçus exclusivement en Algérie.

Un règlement d'administration publique du 8 janvier 1881, modifié par le décret du 31 décembre 1889, a institué à l'École de droit d'Alger : 1° un certificat d'études de législation algérienne, de droit musulman et de coutumes indigènes; 2° un certificat supérieur d'études de législation algérienne, de droit musulman et de coutumes indigènes. Les droits pour l'obtention de ces certificats sont les mêmes que pour le certificat de capacité en droit.

Un règlement d'administration publique du 3 août 1880 a institué à l'École de médecine et de pharmacie d'Alger un certificat d'aptitude permettant d'exercer la médecine en territoire indigène. Les droits à percevoir au profit du Trésor public ont été fixés à 60 francs.

L'arrêté du 6 janvier 1882 a établi à l'École des lettres d'Alger : 1° un brevet de langue arabe; 2° un diplôme de langue arabe. Les droits à percevoir au profit du Trésor public ont été fixés par un règlement d'administration publique du 9 mai 1882; ils s'élèvent pour le brevet à 25 francs et pour le diplôme à 50 francs.

L'arrêté du 28 juillet 1885 a établi, à l'École des lettres d'Alger, un brevet de langue kabyle. Les droits à percevoir au profit du Trésor public ont été fixés à 25 francs par un règlement d'administration publique en date du 24 août 1885.

L'arrêté du 27 décembre 1887 a établi, à l'École des lettres d'Alger, un diplôme des dialectes berbères. Les droits à percevoir au profit du Trésor public ont été fixés à 50 francs par un règlement d'administration publique du 15 mars 1888.

Ces droits perçus au profit de la colonie se décomposent, par nature d'établissements, conformément à l'état annexe ci-après (Voir page 135.)

2° ENSEIGNEMENT PRIMAIRE.

L'enseignement primaire a donné lieu à une recette de 7,560 francs, qui provient des droits perçus pour les brevets de capacité, en vertu de la loi de finances du 26 février 1887. Ces droits sont les suivants :

Brevet élémentaire. — Examen........................... 10 francs.

Brevet supérieur. — Examen .... 20 —

RÉSUMÉ.

Les droits et produits constatés pendant l'exercice 1901 ont été de............ 129,362ᶠ 50ᶜ

Sur cette somme il reste un solde non recouvré, reporté à l'exercice 1902 de.... //

En sorte que les recouvrements effectués pendant l'exercice 1901 ont été de..... 129262 50

PRODUITS DES AMENDES ET CONDAMNATIONS PÉCUNIAIRES.

Résultats de l'Exercice : ÉTAT a. Droits constatés, non-valeurs, recouvrements, droits restés à recouvrer. — ÉTAT b. Développement des recettes par département.

(Pages 140 à 143.)

Le compte définitif des produits des amendes et condamnations pécuniaires pendant l'exercice 1901 en Algérie, comprend les mêmes développements que pour la France.

Le recouvrement des amendes et condamnations pécuniaires qui, avant le 1ᵉʳ janvier 1874, était confié à l'Administration de l'enregistrement, est aujourd'hui opéré par les receveurs des contributions diverses, conformément aux prescriptions de l'article 25 de la loi de finances de l'exercice 1874, dont les dispositions ont été rendues applicables en Algérie par le décret du 17 octobre 1874.

Une instruction ministérielle, en date du 20 septembre 1875, refondue dans celle du 5 juillet 1895, a établi les règles de comptabilité nécessaires à la marche de ce nouveau mode de perception.

Les droits constatés résultent, comme en France, des condamnations de droit commun prononcées par les *tribunaux de répression*.

Le nombre des jugements et arrêts prononcés en 1901 par ces tribunaux a été d'environ 65,300, et les comptables ont eu à poursuivre, tant de ce chef qu'au titre de condamnations portées aux surséances, le recouvrement d'une somme approximative de 2,300,000 francs.

Le recouvrement de ces condamnations est suivi sous le contrôle des directeurs des contributions diverses par les receveurs de cette administration et sous la responsabilité de ces comptables, en vertu des dispositions du décret du 24 novembre 1881.

La rédaction des extraits d'arrêts ou de jugements, le délai de production de ces documents aux agents de la colonie, leur prise en charge par les receveurs des contributions diverses, les écritures que nécessite leur recouvrement et la sous-répartition des amendes recouvrées sont soumis à la même réglementation qu'en France.

Les amendes prononcées en Algérie ne sont pas soumises aux décimes, en vertu de l'ordonnance du 19 octobre 1871, confirmée par le décret du 12 décembre 1871.

La répartition des amendes est faite au moyen de mandats délivrés par les préfets au vu d'états dressés par les directeurs des contributions diverses.

Les dispositions relatives à la durée de l'exercice et à la production des états de restes à recouvrer, à la clôture de chaque exercice, sont les mêmes qu'en France.

Le total définitif des droits et produits constatés pour l'exercice 1901, s'est élevé à la somme de 2,377,046ᶠ 97
A déduire pour les droits et produits qui ont été admis en non-valeur ou annulés. 1,687,354 82

RESTE... 589,692 15

Somme égale au montant des recouvrements effectués pendant le cours de l'exercice 1901.

DIVERSES RECETTES D'ORDRE EN ATTÉNUATION DE DÉPENSES.

Résultats de l'exercice : ÉTAT A. Droits constatés, recouvrements. — ÉTAT B. Développement des recettes par département. — ÉTAT a. Produit des établissements spéciaux.

(Pages 132 à 134 et page 144.)

Remboursement des frais de pension des élèves des écoles normales primaires qui ont rompu leur engagement décennal. — Les frais d'entretien des élèves des écoles normales primaires étant, depuis la promulgation de la loi du 19 juillet 1889, entièrement à la charge de l'État ou de la colonie, il y avait lieu de prévoir le montant des remboursements à faire à la colonie, des frais de pension, lorsque les élèves ne remplissent pas leur engagement décennal. En conséquence, sur la proposition du Ministère de l'Instruction publique et par application de la loi de 1889, ce compte a été ouvert dans les lois de finances parmi les recettes d'ordre. (*Recettes en atténuation de dépenses.*)

Remboursement des frais des enquêtes partielles effectuées en exécution de la loi du 16 février 1897. — La loi du 16 février 1897 dispose : ARTICLE PREMIER. — Les procédures, soit d'ensemble, soit partielles, instituées par les titres II et III de la loi du 26 juillet 1873 et par la loi du 28 avril 1887 pour la constatation de la propriété privée et la constitution de la propriété individuelle sont et demeurent abrogées.

Néanmoins, les opérations commencées en exécution de ces deux lois pourront être continuées jusques et y compris la délivrance des titres de propriété.

Il pourra être procédé aux opérations d'acquisition ou d'échange de plusieurs parcelles, soit par l'État, soit par les particuliers, conformément à la procédure d'enquête partielle prévue par la présente loi.

En exécution de cette loi et pour constater les recettes de l'espèce, le présent compte a été ouvert parmi les *Recettes d'ordre en atténuation de dépenses.*

Pensions et trousseaux des élèves des Écoles du Gouvernement. — *École d'arts et métiers de Dellys.* — La loi de finances de 1838 a supprimé le régime spécial sous lequel s'effectuaient précédemment les recettes et les dépenses de diverses écoles, notamment des écoles d'arts et métiers ; elle a en conséquence rattaché au budget de l'État, à partir dudit exercice, les opérations annuelles de ces établissements qui ressortissaient aux Ministères du commerce et de l'agriculture.

A partir de l'exercice 1878, on a réuni les pensions, trousseaux et revenus divers de toutes ces écoles sous le titre général : *Pensions et trousseaux des élèves des Écoles du Gouvernement.*

Prélèvement du sixième du produit de l'octroi de mer en Algérie. — La loi du 19 juillet 1889 (art. 27 et 28) dispose que les traitements du personnel de l'instruction primaire seront, à partir du 1er janvier 1890, supportés par l'État et acquittés sur les crédits annuellement ouverts par la loi de finances au budget du Ministère de l'instruction publique. En conséquence, les quatre centimes communaux et les quatre centimes départementaux, affectés aux dépenses obligatoires de l'enseignement primaire par les lois des 10 avril 1867, 19 juillet 1875 et 16 juin 1881, deviennent des centimes d'État dont le montant est inscrit au budget général. Or l'article 7 du décret du 27 mai 1878 créait aux communes de l'Algérie, au point de vue financier, des obligations analogues à celles que la loi imposait aux communes de la métropole, et il leur était prescrit d'affecter au traitement du personnel une somme représentant le sixième du produit de l'octroi de mer. La loi du 19 juillet 1889, ayant mis à la charge de l'État les frais du personnel de l'instruction primaire, a décidé en conséquence que le sixième du produit de l'octroi de mer, comme équivalent des 8 centimes spéciaux des communes et des départements de France, serait désormais prélevé au profit du budget général de l'État. La loi du 29 décembre 1900 a ouvert le présent compte parmi les recettes d'ordre en atténuation de dépenses.

Part contributive des communes dans les dépenses du service médical de colonisation.

Remboursement par les communes des frais de traitement des malades civils dans les hôpitaux.

Frais de traitement dus par les malades aisés reçus dans les hôpitaux en Algérie. — *Remboursements d'avances par les hospices civils.* — Ces diverses ressources servaient autrefois à alimenter en partie le budget de l'assistance hospitalière en Algérie : elles étaient comprises au paragraphe 5 *Produits divers spéciaux* du budget des dépenses sur ressources spéciales : *Produits affectés au service de l'assistance hospitalière en Algérie.*

Par suite de la suppression du budget des dépenses sur ressources spéciales, elles avaient été rattachées au budget général de l'État (Algérie), et imputées aux *Recettes d'ordre en atténuation de dépenses*, conformément aux dispositions de la loi de finances du 28 avril 1893. Depuis la loi du 29 décembre 1900, elles sont perçues au profit du budget spécial de cette colonie.

Les droits et produits constatés pendant l'exercice 1901, ont été de. . . . . .   4,149,345^f 55^c
A déduire pour les droits et produits admis en non-valeur 1,687,354 82

Reste. 2,461,990 73

Les recouvrements ayant été de. 2,361,981 24

Il est resté à recouvrer à la fin de l'exercice 1901, une somme de. 100,009 49

reportée à l'exercice 1902.

RECETTES D'ORDRE PROPREMENT DITES.

Résultats de l'exercice. — **ÉTAT A. B. Droits constatés, non-valeurs, recouvrements, droits restés à recouvrer.**

(Page 145.)

Fonds de concours pour dépenses d'intérêt public. — Les versements faits par des départements, des communes et des particuliers intéressés à l'exécution de travaux publics pour concourir à la dépense desdits travaux donnent lieu à cette nature de recette, qui figurait parmi les *Produits divers du budget* en exécution de l'article 13 de la loi de règlement du budget de l'exercice 1840. Aux termes du même article, l'emploi par les Ministres des fonds versés a lieu au moyen d'ordonnances qui sont émises en somme égale aux crédits, et les fonds qui n'ont pas été employés à la clôture d'un exercice peuvent être réimputés à des exercices subséquents, en conservant leur affectation. Jusqu'en 1862, l'intégralité des versements a été portée aux *Produits divers du budget.* Un arrêté du Ministre des finances du 6 juin 1843 a prescrit, en vue de l'équilibre des budgets, d'ouvrir un *Compte spécial* où seraient centralisées les opérations de cette nature, et a décidé qu'après avoir établi le relevé des crédits ouverts, par décrets, pour l'emploi de ces fonds, on transporterait, par virement, de ce *Compte spécial* aux *Produits divers du budget* (aux *Recettes d'ordre proprement dites* depuis l'exercice 1887), une ressource égale au montant des crédits employés.

Les droits et produits constatés pendant l'exercice 1901 ont été de............ 3.313.691^f 26^c

Sur cette somme, il reste un solde non recouvré reporté à l'exercice 1902, de. ″

En sorte que les recouvrements effectués pendant l'exercice 1901 ont été de... 3.313.691 20

RECETTES D'ORDRE.

TABLEAUX ET DÉVELOPPEMENTS.

RECETTES EN ATTÉNUATION DE DÉPENSES.

(Pages 132 à 144.)

État général des recettes d'ordre en atténuation de dépenses.

Produits universitaires.

Produits des amendes et condamnations pécuniaires.

Produits des établissements spéciaux.

RECETTES D'ORDRE PROPREMENT DITES.

(Page 145.)

État général.

ÉTAT A.

Tableau des Droits constatés et des Recouvrements effectués sur les Recettes d'ordre en atténuation de dépenses, pour l'exercice 1901.   ÉTAT A.

DÉSIGNATION DES PRODUITS	DROITS constatés pendant l'exercice 1901.	à déduire — DROITS constatés admis en non valeurs.	RESTE pour droits constatés à recouvrer pendant l'exercice 1901.	RECOUVREMENTS effectués pendant l'exercice 1901.	RESTES à recouvrer reportés à l'exercice 1902.	OBSERVATIONS.
	fr. c.	fr. c.	fr. c.	fr. c.	fr. c.	
...universitaires en Algérie	129,362 50	»	129,362 30	129,362 30	»	
...nement des frais de pension des élèves des écoles normales primaires qui ont rompu leur engagement décennal	1,114 82	»	1,114 82	1,114 82	»	
...des amendes et condamnations pécuniaires en Algérie	2,277,046 97	1,687,354 82	589,692 15	589,692 15	»	
...rement des frais des enquêtes partielles effectuées en exécution de la loi du 16 février 1897	124,678 73	»	124,678 73	104,009 16	20,669 57	(a) Les recettes de l'Algérie n'ont pu être rattachées à l'exercice 1901.
...et autres produits perçus en exécution de la loi du 9 juin 1853 sur les pensions civiles en Algérie (a)	»	»	»	»	»	
...et trousseaux des élèves des écoles du Gouvernement. — École d'arts et métiers de Dellys	1,300 00	»	1,300 00	1,300 06	»	
...ment du sixième du produit de l'octroi de mer en Algérie	1,128,813 22	»	1,128,813 22	1,128,813 22	»	
...tribution des communes dans les dépenses du service médical de colonisation	47,028 55	»	47,028 55	47,028 55	»	
...ement par les communes des frais de traitement des malades civils dans les hôpitaux militaires	360,892 64	»	360,892 64	294,682 40	66,210 24	
...traitement dus par les malades aisés reçus dans les hôpitaux en Algérie	78,108 12	»	78,108 12	64,978 44	13,129 68	
...ment d'avances par les hospices civils	1,000 00	»	1,000 00	1,000 00	»	
TOTAL GÉNÉRAL	4,149,318 50	1,687,354 82	2,461,990 73	2,361,981 25	100,009 49	

Left table

Développement par département des Recouvrements effectués sur les locaux à... en atténuation des dépenses, pendant l'exercice 190[illegible].

DÉSIGNATION DES PRODUITS.	DÉPARTEMENTS.			VIREMENTS.		TOTAL.	OBSERVATIONS.
	ALGER.	CONSTANTINE.	ORAN.	EN PLUS.	EN MOINS.		
	fr.	fr.	fr.	fr.	fr.	fr.	
Produits industriels en Algérie....	725,522 50	1,685 00	2,366 00	»	»	139,389 55	
[Remboursement] des frais de pension des écoles normales primaires qui ont rempli leur engagement décennal....	»	47 84	1,006 96	»	»	1,114 89	
Produits des amendes et condamnations pécuniaires en Algérie....	219,883 00	214,230 45	157,854 56	»	9,276 80	580,892 15	
[Recouvrement] des frais des registres par cette ... en exécution de la loi du 25 février 1871....	3,049 54	12,587 30	88,372 50	»	»	104,509 10	
[illegible]	»	»	»	»	»	»	(à reporter [illegible])
[illegible] ... [illegible] du Gouvernement. — Écoles d'arts et métiers de Dellys ...	1,800 00	»	»	»	»	1,800 00	
[illegible] ... produits du ... [illegible] en Algérie....	444,569 92	303,386 03	378,366 00	»	»	1,126,312 95	
[illegible]	18,160 30	»	29,267 52	»	»	47,636 82	
[illegible]	80,846 37	98,365 16	125,483 32	»	»	304,698 95	
[illegible] en Algérie....	10,060 95	31,473 56	23,418 94	»	»	64,973 34	
[illegible]	1,000 00	»	»	»	»	1,000 00	
Totaux	[illegible]	[illegible]	[illegible]	»	9,276 80	3,361,481 95	
	3,367,236 07						

Right table

Tarif et nomenclature des droits à acquitter au profit de la colonie pour l'obtention des grades dans les Écoles d'enseignement supérieur d'Alger. — État annexé

ORDRE [illegible]	GRADES ET TITRES DÉLIVRÉS.	DÉSIGNATION des actes à accomplir pour l'obtention des grades.	NOMBRE des actes à accomplir.	TAUX de la réparation par chaque des actes.	TOTAL des réparations.	OBSERVATIONS.
	Certificat d'études de législation algérienne, de droit musulman et de coutumes indigènes.	Inscriptions	8	30 00	240 00	[illegible]
		Droits de bibliothèque	8	2 50	20 00	
		Examens	2	30 00	60 00	
		Certificat d'aptitude	2	20 00	40 00	
		Visa du certificat d'études	1	25 00	25 00	
		Total			385 00	
	Certificat supérieur d'études de législation algérienne, de droit musulman, et de coutumes indigènes.	Examen	1	60 00	60 00	[illegible]
		Certificat d'aptitude	1	40 00	40 00	
		Visa du certificat supérieur d'études	1	25 00	25 00	
		Total			125 00	
	Certificat [illegible]	Inscription	8	30 00	240 00	[illegible]
		Droits de bibliothèque	8	4 00	32 00	
		Examens	4	30 00	120 00	
		Certificat d'aptitude	2	20 00	70 00	
		Visa du certificat	1	25 07	25 00	
		Total			480 00	
	[illegible] de langue arabe.	Examen	1	15 00	15 00	[illegible]
		Visa du brevet	1	15 00	15 00	
		Total			30 00	
	Diplôme de langue arabe.	Examen	1	30 00	30 00	[illegible]
		Diplôme	1	30 00	30 00	
		Total			60 00	
	Diplôme de langue kabyle.	Examen	1	15 00	15 00	[illegible]
		Visa du brevet	1	15 00	15 00	
		Total			30 00	
	Diplôme [illegible] kabyle.	Examen	1	30 00	30 00	[illegible]
		Diplôme	1	30 00	30 00	
		Total			60 00	
	Certificat d'aptitude [illegible]	Examen	3	15 00	45 00	[illegible]

Tableau général des droits constatés et des recouvrements effectués sur les produits universitaires pendant l'exercice 1901.

ÉTAT a.

DÉSIGNATION DES PRODUITS	DROITS universitaires produit l'exercice 1901.	À DÉDUIRE: DROITS constatés admis en non-valeurs.	RESTE: déduction reconnus à recouvrer produit l'exercice 1901.	RECOU-VREMENTS trimestriels.	RESTES à recouvrer transportés à l'exercice 1902.	OBSERVATIONS.
École de droit	51,335 00	»	51,335 00	51,335 00	»	
École de plein exercice de médecine et de pharmacie — Médecine	12,402 50	»	12,402 50	12,402 50	»	
Pharmacie	13,745 00	»	13,745 00	13,745 00	»	
École des sciences	11,150 00	»	11,150 00	11,150 00	»	
École des lettres	32,960 00	»	32,960 00	32,960 00	»	
Certificat d'études exigé des aspirants aux titres de pharmacien de 2ᵉ classe et de chirurgien dentiste	210 00	»	210 00	210 00	»	
Total de l'enseignement supérieur	121,802 50	»	121,802 50	121,802 50	»	
Enseignement primaire (brevet de capacité)	7,500 00	»	7,500 00	7,500 00	»	
Total général	129,302 50	»	129,302 50	129,302 50	»	

Développement, par école et par département, des recettes faites pendant l'exercice 1901, sur les produits universitaires.

ÉTAT b.

ENSEIGNEMENT.	DÉPARTEMENTS			TOTAL.	VIREMENTS DE COMPTES		TOTAL.
	ALGER.	CONSTANTINE.	ORAN.		RECETTES.	ANNULATIONS de recettes.	
Enseignement supérieur.							
École de droit	51,335 00	»	»	51,335 00	»	»	51,335 00
École de médecine	12,402 50	»	»	12,402 50	»	»	12,402 50
École de pharmacie	13,745 00	»	»	13,745 00	»	»	13,745 00
École des sciences	11,150 00	»	»	11,150 00	»	»	11,150 00
École des lettres	32,960 00	»	»	32,960 00	»	»	32,960 00
Certificat d'études exigé des aspirants aux titres de pharmacien de 2ᵉ classe et de chirurgien dentiste	210 00	»	»	210 00	»	»	210 00
Total	121,802 50	»	»	121,802 50	»	»	121,802 50
Enseignement primaire.							
Brevet de capacité	3,526 00	1,680 00	2,290 00	7,500 00	»	»	7,500 00
Total général	125,322 50	1,680 00	2,200 00	129,302 00	»	»	129,302 50

ÉTAT.

ÉTABLISSEMENTS D'ENSEIGNEMENT SUPÉRIEUR.	INSCRIPTIONS.	DROITS de scolarité.	[illegible]	CERTIFICATS d'aptitude et de capacité.	DIPLÔMES et visas.	DUPLICATA.	ÉQUIVALENCES et dispenses de grades.	TOTAUX.	OBSERVATIONS
	fr. c.	fr. c.		fr. c.	fr. c.	fr. c.	fr. c.	fr. c.	
École de droit d'Alger	11,776.00	1,477.00	[illegible]	6,550.00	7,775.00	.	2,732.50	51,335.00	
... des sciences d'Alger	2,010.00	500.00	[illegible]	1,150.00	3,270.00	.	.	11,150.00	
... des lettres d'Alger	.	10.00	[illegible]	8,540.00	8,530.00	.	840.00	32,950.00	
... de plein exercice de médecine d'Alger	4,220.00	402.00	[illegible]	1,210.00	370.00	.	500.00	12,482.50	
... de plein exercice de pharmacie d'Alger	3,870.00	536.00	[illegible]	850.00	600.00	.	230.00	13,745.00	
Institut d'études exigé des aspirants au titre de chirurgien-dentiste	.	[illegible]	[illegible]	30.00	30.00	.	.	210.00	
Total de l'enseignement supérieur	22,370.00	3,330.00	[illegible]	18,000.00	18,075.00	.	70,502.50	121,802.50	
								7,660.00	
Total général								129,362.50	

DÉSIGNATION DES DROITS CONSTATÉS	DROITS constatés pendant l'exercice 1901	DROITS constatés [illegible]	RESTES à recouvrer pendant l'exercice 1901	RECOUVREMENTS effectués pendant l'exercice 1901	RESTES à recouvrer transportés à l'exercice 1902	OBSERVATIONS
[illegible] des amendes	990.419 18	750.770 [illegible]	248.648 75	248.648 75	»	
[illegible] armes et engins confisqués en matière de délits de chasse ou de pêche	12,158 05	[illegible]	3,465 10	3,465 10	»	
[illegible] et dommages-intérêts au profit de l'État	158,855 75	[illegible]	86,430 51	86,430 51	»	
[illegible]tution	715,593 23	[illegible]	661,397 78	661,397 78	»	
[illegible]poste	52,313 57	[illegible]	19,563 37	19,563 37	»	
[illegible] réparations attribués aux départements et aux communes	30,346 90	[illegible]	3,035 15	3,035 15	»	
[illegible] signal et de copie des actes de poursuites faits par les porteurs de contraintes	17,501 50	[illegible]	17,501 50	17,501 50	»	
Totaux	5,877,046 27	[illegible]	869,692 15	869,692 15	»	

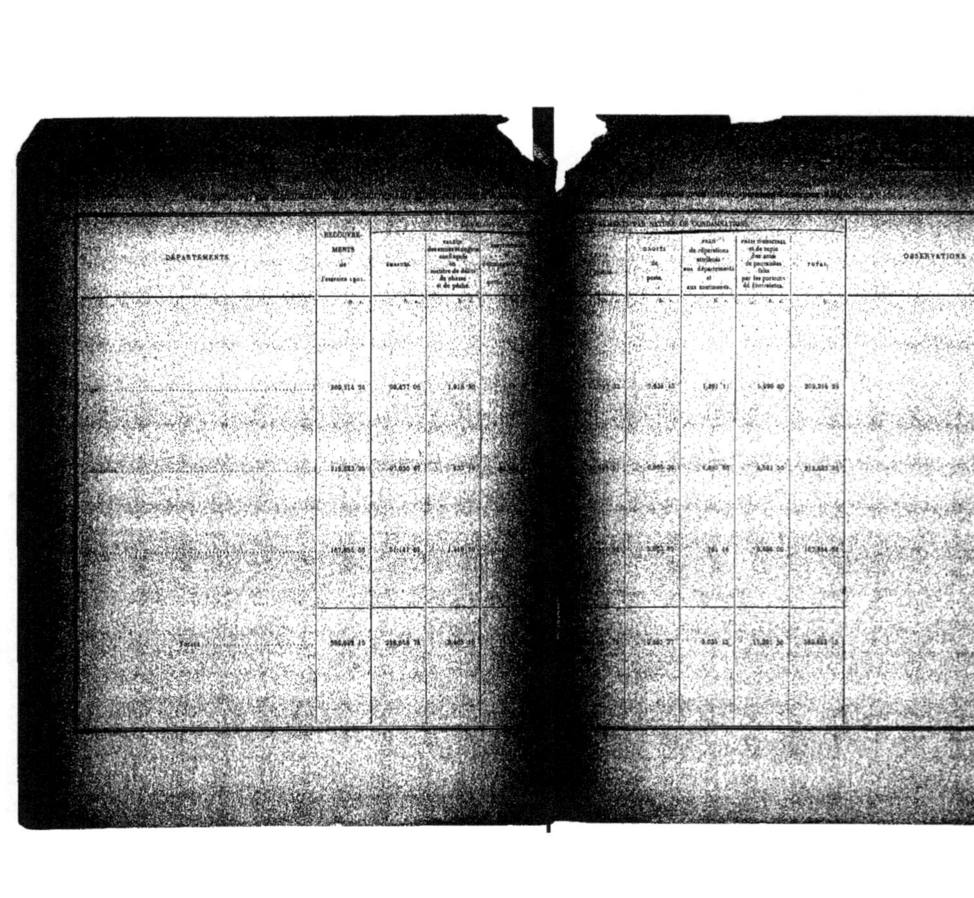

DÉPARTEMENTS	RECOUVREMENTS de l'exercice 1901.	AMENDES.	VALEUR des armes et engins confisqués ou nombre de délits de chasse et de pêche.		DROITS de poste.	FRAIS de réparations attribués aux départements et aux communes.	FRAIS d'obsignal et de copie des actes de poursuites faits par les porteurs de contraintes.	TOTAL.	OBSERVATIONS.
....	209.514 24	98.477 06	1.918 90		7.635 15	1.891 11	5.996 60	209.514 24	
....	113.683 20	47.030 47	137 10		6.905 20	1.460 80	3.541 30	113.683 20	
....	167.854 06	51.147 01	1.449 10		1.805 90	79 40	3.535 00	167.854 06	
Totaux	356.692 15	218.945 73	3.493 31		1.540 37	3.638 12	11.391 50	364.683 14	

État des Recettes effectuées, pendant l'exercice 1901, sur les Produits des établissements spéciaux ressortissant aux Services du Commerce et de l'Agriculture.

Les recettes effectuées par les Trésoriers-payeurs figurent parmi les Recettes d'ordre en atténuation de dépenses; celles effectuées par les receveurs de l'enregistrement sont comprises dans les Produits du domaine autre que le domaine forestier.

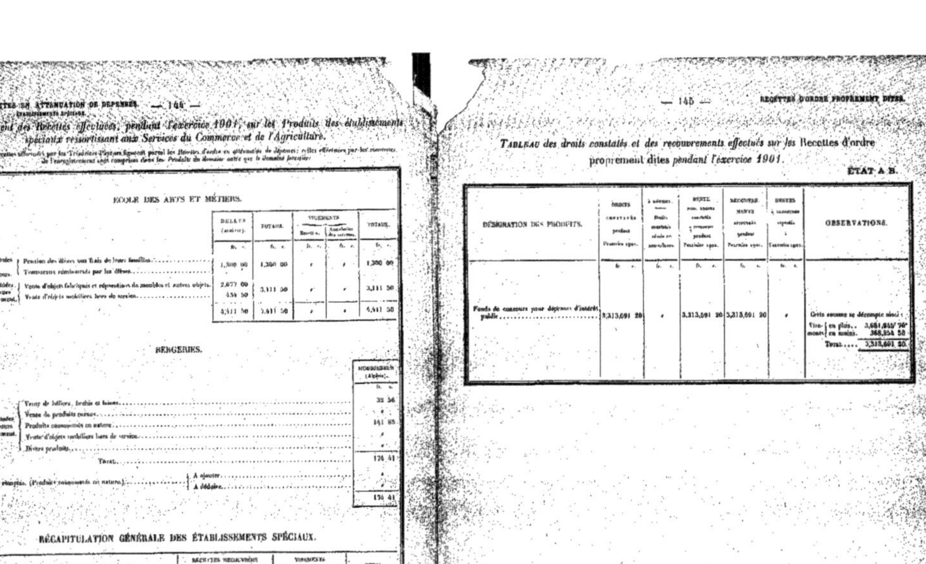

ÉCOLE DES ARTS ET MÉTIERS.

	DELLYS (exercice).	TOTAUX.	VIREMENTS		TOTAUX.
			Recettes.	Annulation des recettes.	
	fr. c.	fr. c.	fr. c.	fr. c.	fr. c.
Effectuées par les payeurs. { Pension des élèves aux frais de leurs familles	1,300 00	1,300 00	»	»	1,300 00
Trousseaux remboursés par les élèves					
Effectuées par les receveurs de l'enregistrement. { Vente d'objets fabriqués et réparations de meubles et autres objets	2,677 00	3,111 50	»	»	3,111 50
Vente d'objets mobiliers hors de service	434 50				
	4,411 50	3,411 50	»	»	4,411 50

BERGERIES.

	MOSTAGANEM (Alger).
	fr. c.
Effectuées par les receveurs de l'enregistrement. { Vente de béliers, brebis et laines	32 56
Vente de produits divers	»
Produits consommés en nature	141 85
Vente d'objets mobiliers hors de service	»
Divers produits	»
Total	174 41
de reemploi. (Produits consommés en nature.) { A ajouter	»
A déduire	»
	174 41

RÉCAPITULATION GÉNÉRALE DES ÉTABLISSEMENTS SPÉCIAUX.

NOMENCLATURE DES ÉTABLISSEMENTS SPÉCIAUX ressortissant aux Services du Commerce et de l'Agriculture.	RECETTES RECOUVRÉES		VIREMENTS		TOTAL par chaque établissement.
	par les redevables payants.	par les recettes de l'établissement.	en plus.	en moins.	
	fr. c.	fr. c.	fr. c.	fr. c.	fr. c.
Arts et métiers de Dellys	1,300 00	3,111 50	»	»	4,411 50
de Montpellier	»	174 41	»	»	174 41
Totaux	1,300 00	3,285 91	»	»	4,585 91

TABLEAU des droits constatés et des recouvrements effectués sur les Recettes d'ordre proprement dites pendant l'exercice 1901.

ÉTAT A B.

DÉSIGNATION DES PRODUITS.	DROITS constatés pendant l'exercice 1901.	à déduire Droits constatés mis en non-valeurs.	RESTE pour lequel constaté à recouvrer produit l'exercice 1901.	RECOUVREMENTS opérés pendant l'exercice 1901.	RESTES à recouvrer reportés à l'exercice 1902.	OBSERVATIONS.
	fr. c.	fr. c.	fr. c.	fr. c.	fr. c.	
Fonds de concours pour dépenses d'intérêt public	3,313,691 20	»	3,313,691 20	3,313,691 20	»	Cette somme se décompte ainsi : Virements en plus.. 3,681,945 70; en moins. 368,254 50; Total.... 3,313,691 20.

Compte définitif des services de l'Algérie. — 1901.

Certifié le compte définitif rendu pour les recettes du budget de l'exercice 1901.

Conforme, dans toutes ses parties, aux résultats inscrits sur les livres de la Direction générale de la Comptabilité publique, d'après les écritures journalières des agents préposés à la liquidation et à la réalisation de ces recettes;

Et contrôlé avec les comptes individuels établis, sur pièces justificatives, par les comptables, pour être soumis au jugement de la Cour des comptes.

Paris, le 22 Décembre 1902.

Le Conseiller d'État,
Directeur général de la Comptabilité publique,

Charles LAURENT.

Arrêté par le Ministre des Finances:

ROUVIER.

TABLE DES MATIÈRES.

RÉSULTATS GÉNÉRAUX.

COMPTE DÉFINITIF DES RECETTES.

§ 1er. — IMPÔTS ET REVENUS.

1°. — CONTRIBUTIONS DIRECTES, TAXES Y ASSIMILÉES ET CONTRIBUTIONS ARABES.

§ Ier. — IMPÔTS ET REVENUS (Suite.)

TABLEAUX ET DÉVELOPPEMENTS.

3°. — ENREGISTREMENT.

4°. — TIMBRE.

5°. — TAXE SUR LE REVENU DES VALEURS MOBILIÈRES, ETC.

§ 1er. — IMPÔTS ET REVENUS (Suite).

6°. — DOUANES.

7°. — CONTRIBUTIONS DIVERSES.

§ 2. — PRODUITS DE MONOPOLES ET EXPLOITATIONS INDUSTRIELLES DE L'ÉTAT.

TABLEAUX ET DÉVELOPPEMENTS.

PRODUITS DES POSTES, DES TÉLÉGRAPHES ET DES TÉLÉPHONES.

§ 2. — PRODUITS DE MONOPOLES ET EXPLOITATIONS INDUSTRIELLES DE L'ÉTAT. (Suite.)

§ 3. — PRODUITS ET REVENUS DU DOMAINE DE L'ÉTAT.

Notes explicatives :

TABLEAUX ET DÉVELOPPEMENTS.

—

1. — PRODUITS DU DOMAINE AUTRE QUE LE DOMAINE FORESTIER.

2. — PRODUITS DES FORÊTS.

§ 4. — PRODUITS DIVERS DU BUDGET.

§ 6. — RECETTES D'ORDRE.

1°. — RECETTES EN ATTÉNUATION DE DÉPENSES.

2°. — RECETTES D'ORDRE PROPREMENT DITES.

TABLEAUX ET DÉVELOPPEMENTS.

1°. — RECETTES EN ATTÉNUATION DE DÉPENSES.

PRODUITS UNIVERSITAIRES.

§ 6. — RECETTES D'ORDRE (Suite.)